Unsere sinnlosen Ängste

ECON Ratgeber

Joseph Wolpe

Unsere sinnlosen Ängste

Wege zu ihrer Überwindung

ETB
ECON Taschenbuch Verlag

Für Stella

Titel der amerikanischen Originalausgabe:
Our useless fears
Hougthon Mifflin & Co, Boston 1981
Übersetzt von Hartmut Thierse

© ECON Taschenbuch Verlag GmbH, Düsseldorf
Deutsche Erstausgabe Juli 1984
© 1981 by Joseph Wolpe, M. D.
Umschlagentwurf: Ludwig Kaiser
Titelfoto: Krista Boll, Michael Fiala
Satz: Dörlemann, Lemförde
Druck und Bindearbeiten: Ebner Ulm
Printed in Germany
ISBN 3-612-20031-3

INHALTSVERZEICHNIS

VORWORT

Die eindrucksvollen Erfolge der Verhaltenstherapie haben in weiten Kreisen der Bevölkerung großes Interesse hervorgerufen. Das ist auch ersichtlich an den zahlreichen Büchern zur Selbsthilfe oder der Popularität von Selbstsicherheitstrainings. Diese Ausläufer der Verhaltenstherapie stellen jedoch quasi nur die obersten sichtbaren Äste eines sonst weitgehend in Nebel gehüllten Leidens dar, weil noch keine klare, leichtverständliche und dennoch fachmännische Darstellung der Verhaltenstherapie für eine breitere Öffentlichkeit existiert. In diesem Buch wird versucht, das Prinzip der Verhaltenstherapie zu veranschaulichen.

Da ich mich ausschließlich meiner wissenschaftlichen Arbeit verbunden fühlte, hatte ich mich jahrelang standhaft geweigert, ein allgemeinverständliches, populärwissenschaftliches Buch zu schreiben. Diese Haltung änderte sich jedoch durch das Eintreten unerwarteter Ereignisse. Mein Sohn David legte 1976 sein Examen ab und fing an, als Bühnenschriftsteller und Schauspieler zu arbeiten. Dabei bemerkte er, daß viele Stücke der menschlichen Natur entweder implizit oder explizit eine psychoanalytisch orientierte Sichtweise zugrunde legten, und er fragte sich, ob die Prinzipien, auf denen die Verhaltenstherapie beruht, nicht angemessenere Veranschaulichungen des menschlichen Lebens ermöglichen, wenn es um die Darstellung von Konfliktsituationen, Charakteren oder Handlungen in Romanen oder Theateraufführungen geht. Ich schlug ihm deshalb vor, doch einmal genauer darauf zu achten, wie das Alltagsleben des Menschen durch gelernte Erfahrungen beeinflußt wird, und gab ihm gleichzeitig einige ausgewählte Texte meiner unveröffentlichten wie veröffentlichten Arbeiten zu lesen.

Die Überlegungen für unsere Zusammenarbeit an einem Buch wurden dann erstmals im Sommer 1978 gefaßt. Damals hatten wir uns den Gang der Arbeit noch so vorgestellt, daß David, ausgerüstet mit seinen neugewonnenen Kenntnissen von der Verhaltenstherapie und seiner besonderen Begabung, schwierige Zusammenhänge auf einfache und verständliche Weise ausdrücken zu können, das von mir gelieferte Textmaterial in eine nichttechnische Sprache übersetzen sollte. Dieses Vorhaben stellte sich aber als nicht realisierbar heraus, so daß für beide Seiten immer deutlicher die Notwendigkeit einer echten Zusammenarbeit am gemeinsamen Werk in den Vordergrund trat. Das Buch kam schließlich aufgrund vieler Diskussionen und Gespräche zustande, bei denen mich David oft bis in die letzten Einzelheiten ausfragte, damit auch seine eigenen Vorstellungen Gestalt annehmen konnten. Der erste Entwurf des Buches kam dann als Folge unserer vielen Zusammenkünfte im Laufe eines Jahres zustande. Bei unseren weiteren Treffen wurde das Buch dann Kapitel für Kapitel und Satz für Satz überarbeitet und in die endgültige Form gebracht. Dies war zwar eine zeitaufwendige Arbeit, aber auch eine sehr erfreuliche Erfahrung, denn für einen Wissenschaftler, und um so mehr für einen Vater, ist es schon ein seltenes Glück, mit seinem Sohn konstruktiv und harmonisch an einer gemeinsamen Sache arbeiten zu können.

Bei der Gestaltung des Buches hatte Herr D. Harris eine besonders wichtige Rolle inne, indem er bei den einzelnen Stadien des Buches mit Stellungnahmen, gepaart aus vorurteilsfreier Sichtweise und überlegtem Urteil, weiterhalf; ihm gilt unser besonderer Dank für seine Mühe. Ebenso möchten wir Frau B. J. Smith für das Tippen und Organisieren der zahlreichen Entwürfe danken, bei denen sie uns mit unermüdlicher Geduld und Zurückhaltung immer wieder wichtige Hinweise gab. Auch den Herren J.-C. van Itallie und S. Lande gilt unser Dank für ihre ausführliche und eingehende Kritik, wie auch Herrn P. Latimer, Frau D. Phillips, Herrn J. Chaikin und Herrn Allan Wolpe für ihre Unterstützung. Frau Stella Wolpe war an der Entwicklung des Buches von Anfang bis Ende beteiligt und sorgte für Ideen, Kritik und Ermutigung und führte die Diskussionen mit bewundernswerter Unparteilichkeit.

Dr. Joseph Wolpe

I.
SINNVOLLE UND SINNLOSE ÄNGSTE

Sinnlose Ängste wären leicht zu ertragen und ebenso leicht
zu vergessen – wie etwa ein alltäglicher Schnupfen oder ein
verstauchter Knöchel –, wenn sie ebenso kurzfristig und vorübergehend wären. Leider aber bestehen sie oft jahrelang,
manchmal sogar das ganze Leben hindurch. Das ist auch
der Grund, warum Ängste und ihre Folgen wie Depressionen, Neurosen, Zwänge, Sorgen und Nöte, sexuelle Probleme etc. von so großer Bedeutung für die Gesellschaft
sind. Die Jahrhunderte haben eine schier endlose Folge der
verschiedensten Behandlungsmethoden erlebt: Gebete,
Handauflegen, Traumdeutung, Exorzismus (Teufelsaustrei-
bung), Drogen, Kräuter und einen weiten Bereich an Ritualen, ganz zu schweigen von den heutigen Psychotherapien. –
Unter den Psychotherapien stellt die Psychoanalyse immer
noch das bedeutendste Verfahren dar, obwohl sie nur ge-
ringe Erfolge bei der Erleichterung menschlicher Leiden
aufweisen kann.

Auch ich selbst war einige Jahre lang Anhänger der psychoanalytischen Betrachtungsweise gewesen, obgleich ich
Freuds Theoriengebäude als Medizinstudent für schillernd,
aber unglaubwürdig gehalten hatte. Diese positive Einstellung rührte von einer Begebenheit her, die sich gegen Ende
meiner medizinischen Ausbildung an einem Allgemeinkran-
kenhaus in Johannesburg ereignete. Hetty, ein siebzehnjäh-
riges, sommersprossiges, blondes Mädchen, lag seit einem
halben Jahr auf unserer Station. Sie schien an einer Art
Veitstanz zu leiden – einer Erkrankung des Nervensystems,

die mit ruckartigen Bewegungen einhergeht. Hetty war insofern ein außergewöhnlicher Fall, als sie nicht nur die typischen Ruck- und Krampfbewegungen zeigte, sondern auch schlangenähnliche Bewegungen mit Rücken, Armen und Kopf vollführte. Nach Verabreichung von Beruhigungsmitteln zeigte sie eine beachtliche Besserung, und doch waren sich die Ärzte wegen der geschilderten Bewegungen in ihrer Diagnose nicht sicher. Eines Tages erzählte mir Hetty, sie träume öfter davon, in einem See auf einen Mann zuzuschwimmen, der sich jedoch auf einem weit entfernten Ufer befände, das sie niemals erreichen könnte. Ich berichtete den Traum einem Psychoanalytiker. Dieser meinte, ich sollte ihr die »naheliegendste« Interpretation anbieten: daß sie wohl Verlangen nach »einem netten, jungen Mann wie ihrem Vater« hege. Am nächsten Tag ging ich auf die Station und erzählte Hetty, daß ich ihren Traum deuten könne. Sie hörte meinen Ausführungen schweigend zu. Anschließend verließ ich die Station, um in einem der benachbarten Räume meiner Arbeit nachzugehen. Kaum zehn Minuten später stürzte eine Krankenschwester laut rufend in mein Zimmer: »Herr Doktor, Herr Doktor, sehen Sie sich bloß mal an, was mit Hetty los ist!« Ich eilte zurück zur Station und fand sie in Zuckungen, die alles Bisherige übertrafen. Auch als ich vierzehn Tage später in eine andere Klinik überstellt wurde, hatte sich ihr Zustand kaum geändert.

Obwohl die Folgen meiner Diagnose für Hetty so nachteilig aussahen, schienen sie doch in Einklang mit der psychoanalytischen Erklärung ihrer Krankheitsursache zu stehen, da sich bei ihr innerhalb von Minuten nach meiner »Traumdeutung« deutliche Veränderungen ihres Zustandes zeigten. Es mag deshalb plausibel erscheinen, Hettys Krankheit in Verbindung mit der Fixierung auf ihren Vater zu sehen. – (Allerdings dachte ich damals nicht an die Möglichkeit, daß ein junges Mädchen unter der Vorstellung leiden könnte, ihrem Vater sexuelles Interesse entgegenzubringen – und sich in der Folge alle Symptome, gleich, ob psychischer oder physischer Natur, durch diese Belastung verschlechtern könnten.)

Ich wandte mich mit erneutem Interesse der Psychoanalyse zu, las die Werke von Freud, schrieb meine Träume auf und begann, entsprechende Assoziationen aufzuzeichnen. Dies geschah jedoch oft mit zweifelhaftem Erfolg. Ich entdeckte unerwartete Zusammenhänge zwischen Namen, Personen und Vorstellungen, die mir sinnvoll und offenbar auch die Freudsche Sichtweise zu bestätigen schienen. – Spätere Erfahrungen ließen jedoch Zweifel aufkommen. 1943 wurde ich in das Südafrikanische Sanitätskorps aufgenommen und dem Militärkrankenhaus in Kimberley zugeteilt. Dort hatte ich u. a. mit vielen Fällen von Kriegsneurosen zu tun. Die damals bevorzugte Behandlungsmethode bestand in der sog. Narcoanalyse, d. h., dem Patienten wurde eine »Wahrheitsdroge« injiziert. Sobald sich der Patient in dem von der Droge hervorgerufenen Zustand der Benommenheit befand, wurde er aufgefordert, seine Kampferfahrungen zu schildern, die man letztendlich als Anlaß seiner Neurose ansah. Dieses Vorgehen beruht auf der psychoanalytischen Vorstellung der Wirksamkeit des Bewußtwerdens verdrängter Erinnerungen. Immer wieder war ich von der Lebendigkeit der geschilderten Kriegserlebnisse der Soldaten fasziniert, da ich diese als Beleg für die Richtigkeit der Behandlung wertete. Nach mehreren Wochen wurde mir jedoch klar: Wenn auch viele Patienten leichte Besserungen zeigten, so ergaben sich jedoch keine deutlichen und dauerhaften Veränderungen. Diese Enttäuschungen ließen mich die Psychoanalyse generell in Frage stellen, auch wenn die Methode der Narcoanalyse keine genuine Psychoanalyse darstellt. Meine Zweifel wurden durch A. Wohlgemuths Abhandlung »Kritische Betrachtungen zur Psychoanalyse« sowie die Untersuchungen von C. Valentine über Kinder von der Geburt bis zum achten Lebensjahr verstärkt. Letzterer konnte keine Bestätigung der Freudschen Theorie der psychosexuellen Entwicklung von Kindern erbringen.

Dies veranlaßte mich, andere Erklärungsmöglichkeiten in Betracht zu ziehen. Die naheliegendste war, sinnlose Ängste und deren neurotische Folgen als individuell erlernte Verhaltensweisen anzusehen. Ausgerüstet mit dem Wissen über den Lernprozeß, wie er in wissenschaftlichen Studien erarbeitet worden war, begann ich, die experimentelle Neurose zu studieren – eine dauerhafte Angstbereitschaft bei Tieren (vgl. Kap. IV). Die Methode, mit der es mir schließlich gelang, diese Ängste bei Tieren zu beseitigen, wurde zum Ausgangspunkt der klinischen Anwendung der modernen Verhaltenstherapie. Sie hat glücklicherweise die Aussichten vieler Menschen, die unter sinnlosen Ängsten und deren Folgen leiden, entscheidend verändert.

Die vielen Gesichter der Angst

Wir alle erleben in bestimmten Situationen ein Gefühl der Angst – z. B., wenn jemand in einem Flugzeug sitzt, das notlanden muß, wenn uns auf dunkler Straße ein seltsames Geräusch überrascht oder wenn der Fahrer unseres Wagens mit 150 Stundenkilometern über eine unbefestigte Landstraße rast. In allen diesen Situationen ist das eigentliche Gefühl stets gleich, obwohl es je nach Zusammenhang in Intensität und Qualität in gewissen Grenzen variieren mag. So können die verschiedensten Situationen dem Gefühl, für das wir die unterschiedlichsten Begriffe verwenden, das aber letztendlich nur eines – nämlich Angst – ist, die mannigfaltigsten Akzentuierungen verleihen.

– Eine Ehefrau *macht sich Sorgen* um ihren Mann, der bei einem Unwetter nachts mit dem Auto unterwegs ist.

– Ein junger Mann *fühlt sich unbehaglich,* weil er seine Freundin angelogen hat.

– Ein Schauspieler *hat Lampenfieber.*

– Ein Mann *ist zu schüchtern,* einer Frau seine Zuneigung zu offenbaren.

– Ein Geschäftsmann *hat Angst* vor Flugreisen.

- Ein Mädchen *ängstigt sich* wegen ihrer Schulnoten.
- Ein Kind *fürchtet sich* vor der Dunkelheit.
- Ein kleiner Junge *wird unruhig,* weil ein ihm im Zugabteil gegenübersitzender Mann, scheinbar grundlos, anfängt zu lachen.

Die verschiedenen Begriffe spiegeln tatsächliche Unterschiede in individuellen Erfahrungen wider. Dennoch lassen sie sich auf eine Gruppe physiologischer Reaktionen innerhalb unseres Körpers zurückführen. Diese äußern sich gewöhnlich in zunehmendem Pulsschlag, feuchten Händen, höherer Atemfrequenz, erhöhtem Blutdruck und zunehmender Muskelanspannung. Im folgenden werden in diesem Buch für alle Phänomene die Begriffe *Angst* und *Furcht* gleichbedeutend verwendet.

Ursprünge der Angst

Angstauslösende Situationen sind alle in der einen oder anderen Weise über persönliche Erfahrungen definiert. Sie wurden *erlernt.* Aber woher kam die Angst ursprünglich?

Die Antwort lautet: Sie ist ursprünglich durch Schmerz verursacht worden. Wenn ein Kind von den Eltern geschlagen wird, empfindet es Schmerz. Nähme man im Augenblick des Schmerzes physiologische Messungen vor, so würde man beim Kind feuchte Hände, erhöhten Puls und ähnliche Reaktionen registrieren. Es würde zunächst zwar keine Angst verspüren, sondern Schmerz. Zu einem späteren Zeitpunkt jedoch, sobald die Eltern die Hand auch nur in der Gebärde des Schlagens erheben, wird das Kind die gleichen körperlichen Reaktionen zeigen – und dieses Mal Angst erleben. Das heißt: Die physiologischen Reaktionen wurden ausgelöst durch die Drohgebärde der Eltern – und fortan als Angst empfunden.

Die durch Schmerz verursachten physiologischen Reaktionen wurden nicht erlernt. Es sind vielmehr angeborene Mechanismen, die als Teil unserer körperlichen Entwicklung das Nervensystem veranlassen, schnell und unverzüglich zu reagieren. Dieses Reaktionsmuster kann beim Kind (ohne daß dies gelernt wurde) auch durch andere Erfahrungen ausgelöst werden, wie z. B. durch laute Geräusche, durch einen Sturz oder Streit. Ebenso konnte an Kleinkindern beobachtet werden, wie sie beim Anblick fremder Gesichter ängstlich wurden, sobald sie diese von den vertrauten Gesichtern ihrer Eltern unterscheiden konnten. Alle diese genannten Aspekte sind neben dem Schmerz die eigentlichen Quellen der Angst. Sobald Angst auftritt, können Dinge, Personen, Worte, die in diesem Augenblick gegenwärtig sind, kurz, alles, was man sehen, hören oder fühlen kann, alles, was einen Eindruck auf die betreffende Person macht, mit dieser Angst über einen Lernvorgang in Zusammenhang gebracht werden. Durch »emotionales Lernen« reichen Dinge oder Worte fortan aus, ihrerseits Angst auszulösen, und die neu erlernten Ängste können wiederum mit anderen Situationen, in denen sie auftreten, verknüpft werden. So breitet sich die Angst von einer Erfahrung zur nächsten aus – wie die Glieder einer Kette.

Wovor kann man sich fürchten?

Es gibt fast nichts, was sich nicht zum Angstauslöser »eignen« würde. Einige der häufigsten Ängste sind:
- die Angst vor öffentlichen Auftritten
- die Angst vor dem Fliegen
- die Angst, Fehler zu machen
- die Angst, zu versagen
- die Angst vor Mißbilligung
- die Angst vor Zurückweisung
- die Angst, den Zorn anderer auf sich zu ziehen
- die Angst vor dem Alleinsein
- die Angst vor Blut
- die Angst vor offenen Wunden
- die Angst vor dem Zahnarzt

- die Angst vor Spritzen
- die Angst, sich Tests zu unterziehen
- die Angst vor der Polizei

Weniger häufige Ängste stellen z. B. die Ängste
- vor Höhen
- vor Hunden
- vor Spinnen
- vor körperlichen Mißbildungen
- vor Krankenhäusern
- vor der Dunkelheit

dar.

Die Aufstellung zeigt, daß sogar Situationen, die nicht die geringste Gefahr in sich bergen, angstauslösend wirken können.

Was für eine Gefahr könnte beispielsweise von dem Anblick der untergehenden Sonne ausgehen? Eines Tages suchte mich ein Mann auf, den u. a. der Anblick der täglichen Nachmittagssonne völlig aus der Fassung brachte. Er selbst hatte nicht die geringste Ahnung, warum dies so war. Erst intensive Nachforschungen ergaben, daß seine Furcht von einer einige Monate zurückliegenden, unglücklichen Liebesbeziehung herrührte. Er arbeitete damals in einem Armeelager in Arizona. Jeden Abend ging er nach der Arbeit zu einer Telefonzelle, um seine Freundin anzurufen. Ihre Beziehung befand sich im Stadium der Auflösung, da sie sich bereits einem anderen Mann zugewandt hatte. Er bemühte sich in diesen Gesprächen, sie für sich zu gewinnen und sie zu überzeugen, zu ihm zurückzukehren – vergebens. Während er auf sie einredete, sah er die rote untergehende Sonne am weiten Himmel über der Wüste stehen. Dieses Bild war so intensiv, daß es schließlich zum Auslöser seiner enttäuschten Gefühle wurde. Selbst zu einer Zeit, wo ihm diese Beziehung nichts mehr bedeutete, war die Angst gegenwärtig, sobald er bei Sonnenuntergang das Haus verließ.

Die Unterscheidung
zwischen sinnvollen und sinnlosen Ängsten

Wenn Ängste in Situationen entstehen, in denen wirkliche Bedrohung gegeben ist, sind sie sinnvoll. Sinnlos sind sie dagegen, wenn keine Bedrohung vorliegt. Den Unterschied mag das folgende Beispiel zeigen. Wenn ich beim Spaziergang durch einen Park einem knurrenden Tiger begegne, ist Angst durchaus angemessen, da hier eine wirkliche Gefahr besteht. Treffe ich aber statt des Tigers eine harmlose Maus und lasse mich von ihr erschrecken, so ist meine Furcht unangemessen und sinnlos.

Glücklicherweise sind die meisten Ängste, die wir erlernen, angemessen und ermöglichen uns hilfreiche Bewältigungsmöglichkeiten. Es ist deshalb sinnvoll, sich vor einem wütenden Bullen, einem rücksichtslosen Autofahrer oder einer gefährlichen Krankheit zu fürchten. Ebenso sind wir zu Recht über die Nachricht vom Herannahen eines Wirbelsturmes oder eines frei herumlaufenden Mörders erschrocken. Auch ist die Furcht vor stechenden Schmerzen in unserer Brust, die einen Herzanfall ankündigen könnten, durchaus sinnvoll, ebenso die Angst, wenn wir Gefahr laufen, unsere Ersparnisse auf dem Aktienmarkt zu verlieren. Wenn sich jemand in einer Obdachlosensiedlung Sorgen macht, wo er seine nächste Mahlzeit bekommen soll oder daß die Ratten, die in seiner Behausung aus und ein gehen, seine Kinder angreifen könnten, dann sind seine Ängste keineswegs sinnlos, sondern sehr realistisch. Dies ist jedoch kein Problem, das durch eine Therapie gelöst werden könnte. Hier müssen nicht seine Reaktionen auf gegebene Umstände geändert werden, sondern die Umstände selbst. Ähnlich ergeht es der unverheirateten Tochter einer streng religiösen Familie; sie hat allen Grund, sich vor einer Schwangerschaft zu fürchten, da sie sonst von ihrer Familie verurteilt werden könnte. Wiederum ist es nicht ihr Angstverhalten, das einer Änderung bedarf, sondern vielmehr ihre

Situation (wie dies z. B. durch Empfängnisverhütung möglich wäre). Solche Ängste sind deshalb sinnvoll, weil ein Schaden oder eine wirkliche Gefahr droht.

Sinnvolle Ängste haben hauptsächlich Hinweischarakter und weisen uns auf eine Gefahr hin, mit der wir uns befassen müssen. Sie veranlassen uns, notwendige Handlungen vorzunehmen. Das kann z. B. das Aufsuchen eines Arztes wegen ständiger Brustschmerzen, das Verringern der Geschwindigkeit auf einer Schnellstraße bei einem aufziehenden Schneesturm, kurz, jegliche wirksame Schutzmaßnahme sein. In einer komplexen Gefahrensituation lenkt die Angst unsere Aufmerksamkeit auf jedes einzelne Gefahrenmoment. Ein Bergsteiger, der sich auf einem Grat 500 Meter über dem Abgrund seinen Weg bahnt, paßt genau auf seinen nächsten Tritt auf. Er sieht und fühlt hellwach den zerbröckelnden Fels, das abgenutzte Seil, den Wind und seinen festen Stand am Abhang des Berges. Seine Furcht hält ihn wachsam, alles daranzusetzen, um nicht abzustürzen. Denkt man in längeren Zeiträumen, so kann eine minimale Furcht beispielsweise einen Studenten veranlassen, über Monate und Jahre hinweg intensiv zu lernen, um ein Examen zu bestehen.

Angst halten wir dagegen dann für sinnlos, wenn sie, statt hilfreich zu sein, störend wirkt. Die Furcht vor ungenügender sexueller Leistungsfähigkeit kann das Intimleben eines Mannes genauso stark beeinträchtigen wie die Furcht einer Frau, nackt gesehen zu werden. Angst, die im Arbeitsleben beispielsweise durch das ständige Beobachtetwerden hervorgerufen wurde, kann zu Leistungsstörungen führen. Ängste, die bei geselligen Veranstaltungen auftreten, können dem Gast jegliche Freude nehmen. Dem einen fällt es schwer, ein Gespräch weiterzuführen, der andere fängt an zu stottern und wird rot. Es gibt keine einzige menschliche Aktivität, die nicht durch Angst beeinträchtigt werden könnte. (Viele ausgezeichnete Sportler versagen bei Wettkämpfen, nur weil sie im Mittelpunkt der Aufmerksamkeit stehen und dadurch verunsichert werden.)

Unter Umständen ist jedoch nicht das bloße Auftreten der Angst, sondern ihre Intensität entscheidend dafür, ob sie angemessen ist oder nicht. Einsetzender Geschoßhagel kann einen Soldaten so sehr entsetzen, daß er unfähig ist, sich selbst zu verteidigen. Natürlich würde niemand seine Angst als außergewöhnlich oder absurd bewerten. Ihre Heftigkeit kommt jedoch einem Rückzug gleich und verursacht dadurch nur noch mehr Schaden. Sie ist deshalb als sinnlos zu betrachten.

Ein ähnlicher Zusammenhang ergibt sich beim Überqueren einer Straße zur Hauptverkehrszeit. Viele Leute fühlen sich dabei etwas unsicher und achten deshalb genau auf den Verkehr; sie schauen nach rechts und links und überqueren die Straße nur bei »Grün«. Die hier durchaus angebrachte Angst hilft ihnen, mit den Gefahren des Verkehrs erfolgreich umzugehen. Manchmal sehen wir aber auch jemanden, der einfach nicht in der Lage ist, über die Straße zu gehen, oder für den dies eine Tortur darstellt. Sinnlose Ängste müssen also – wie bei anderen Dingen auch – von ihren Folgen und Wirkungen her beurteilt werden – und bedürfen deshalb noch lange nicht alle einer Behandlung. Sinnlose Ängste stören eigentlich das Alltagsleben der Menschen nur unwesentlich, solange sie geringfügig sind oder sehr selten auftreten. Es kann vorkommen, daß sich jemand vor Spinnen oder Motten ekelt oder sich über jeden Skandal in der Nachbarschaft aufregt. Wenn eine so geringfügige Furcht die einzige ist, die eine Person spürt, muß sie nicht behandelt werden.

Verborgene Ängste

Zusätzlich zu den Belastungen, die durch sinnlose Ängste unmittelbar verursacht werden und den Schäden, die sie im Arbeits-, Sozial- und Intimleben anrichten, können eine Reihe von Folgen in Erscheinung treten, die die eigentliche Angst völlig in den Hintergrund treten lassen. Zu diesen

Wirkungen zählen Verfolgungsvorstellungen, zwanghafte Sauberkeit, Asthma, Spannungskopfschmerz, Stottern, Depressionen sowie Unsicherheit über die Rolle, die man in der Welt zu spielen hat (die sog. existentielle Neurose). Diese Verhaltensweisen können den Lebensinhalt eines Menschen weitgehend bestimmen – und dennoch ist der Betroffene außerstande, einen Zusammenhang mit der Angst herzustellen. Deshalb wird er gegenüber dem Therapeuten die Angst oft gar nicht erwähnen.

Jemand, der von Verhaltenstherapie nicht viel versteht, mag der Auffassung sein, daß solche Fälle zu subtil und unbestimmt sind – und damit ungeeignet für ein verhaltenstherapeutisches Vorgehen. Ihm scheinen die Aussichten der Behandlung bei klar umrissenen Problemen wie Phobien größer. Die entscheidende Funktion der Verhaltenstherapie liegt aber gerade im Herausarbeiten der in jedem spezifischen Fall wirksamen Umstände. Das Problem wird jedesmal klar umrissen und abgegrenzt, gleichgültig, wie verworren es anfangs auch erscheinen mag. Einige Beispiele können dies erläutern:

Rita, 39 J., geschieden, Universitätssekretärin, litt unter Migräneanfällen und ermüdete rasch. Manchmal klagte sie auch über Unterleibsschmerzen. Diese Symptome hatten sich leicht gebessert, nachdem sie sich vor zwei Jahren von ihrem Mann getrennt hatte. Sie konnte sich aber nicht erklären, wieso die Symptome immer noch bestanden. Sie machte keinerlei Angaben über irgendwelche Ängste.

Bernhard, 46 J., Elektriker, beklagte sich darüber, daß er sehr leicht aus der Fassung gebracht werden konnte, was sich in Verdauungsschwierigkeiten und Kopfschmerz äußerte. Er glaubte, daß dadurch sein Intimleben erheblich gestört würde. Nach abendlichen Aufregungen wachte er nachts mit einem schalen Geschmack im Mund auf. Von Angst war keine Rede.

Angelika, 36 J., Hausfrau, war seit zehn Jahren verheiratet. Beide Ehepartner stritten sich pausenlos über ihre angebliche Empfindlichkeit. Ihr Mann sagte, es sei äußerst schwierig, mit ihr zusammenzuleben, und sie konnte dem nur zustimmen.

Lydia, 44 J., Sozialarbeiterin, beklagte sich über ihre Schlaflosigkeit. Diese hatte begonnen, nachdem ihr Mann vor über zwölf Jahren eine Herzattacke erlitten hatte. Während der letzten vier Jahre lag sie den größten Teil der Nacht wach und lauschte auf seinen Atem – sein Vater war im Schlaf gestorben. Um sechs Uhr morgens verließ ihr Mann das Haus. Erst dann konnte sie in Ruhe bis acht oder neun Uhr schlafen.

Gustav, 45 J., Metallarbeiter, seit zwei Jahren verheiratet, war ein Sexualfetischist, der nur dann sexuell erregt wurde, wenn seine Frau hochhackige Schuhe trug. Er war zu allen Zeiten – nur nicht zur Schlafenszeit – zu Intimverkehr bereit. Gewöhnlich bestand er darauf, seiner Frau die Fußknöchel zusammenzubinden. Außer ihren nackten Beinen mußte sie vollkommen angezogen sein. Es erfolgte nur ein Minimum an Vorspiel. Verständlicherweise führte dieses Verhalten zu nicht geringen Spannungen zwischen den Partnern.

Marion, 22 J., Tanzlehrerin, litt unter depressiven Verstimmungen, da sie mit ihren Problemen nicht fertig wurde. Anderen nahm sie es wiederum übel, wenn diese ihre Probleme zu meistern verstanden. Auf ihre Depressionen wußte sie sich keinen Reim zu machen. Ängste wurden nicht erwähnt.

Klaus, 33 J., Arzt, bekam sehr leicht Wutanfälle. Im allgemeinen unterdrückte er seinen Zorn. Anstatt ihm freien Lauf zu lassen, wurde er sarkastisch und warf gelegentlich mit Gegenständen wie Büchern, Aschenbechern oder dem Telefon um sich.

Keine der erwähnten Personen beklagte sich über irgendwelche Ängste oder machte sich auch nur die geringsten Gedanken darüber. Dennoch wurde allen geholfen, sobald die wahren, angstauslösenden Ursachen ihrer Probleme festgestellt und behandelt werden konnten. Die Migräneanfälle und Unterleibsschmerzen von Rita verschwanden, sobald ihre Kritiküberempfindlichkeit behoben worden war. Bernhard wurde nicht mehr von einem schalen Geschmack im Mund wachgehalten, da er sich nicht mehr persönlich zurückgesetzt fühlte. Nachdem Angelika ihre Schüchternheit mit Hilfe eines Selbstsicherheitstrainings überwunden hatte, kamen sie und ihr Mann wieder gut miteinander aus. Gleichzeitig konnten ihre in relativ kompliziertem Zusammenhang mit ihrer Überempfindlichkeit stehende Todesfurcht sowie ihre Angst vor der Anwesenheit fremder Leute behoben werden. Auch bei Lydias Schlaflosigkeit stellte sich Angst als entscheidender Faktor heraus und wurde durch die Desensibilisierung ihrer Todesvorstellungen überwunden. (vgl. hierzu Kap. V). Gustavs Sexualfetischismus wurde in fünfzehn Behandlungssitzungen desensibilisiert. Eine Verhaltensanalyse ergab, daß er Angst vor sexuellem Versagen hatte. Die emotionalen Probleme von Marion wurden gelöst, als ihre zugrundeliegende Schüchternheit erkannt und mit einem Selbstsicherheitstraining behandelt werden konnte. Ein Selbstsicherheitstraining (zusammen mit der Versicherung, daß er nicht verrückt werden würde), verbunden mit der Desensibilisierung von gleich einem halben Dutzend sozialer Ängste (z. B. die vor dem Zuspätkommen), beendete Klaus' Wutanfälle.

Diese Beispiele zeigen typische Probleme, vor die sich Psychotherapeuten gestellt sehen. Die dabei zugrundeliegenden Ängste müssen erkannt und behandelt werden. Dies ist aber nur möglich, wenn man weiß, wie und wo man sie suchen kann, wie man die auslösenden Faktoren feststellt und wie man mit den vorliegenden Informationen umzugehen hat. Später werden wir Beispiele besprechen, die im Einzelfall den Zusammenhang von Depressionen, Kopfschmerzen oder anderen Beschwerden mit sinnlosen Ängsten aufzeigen, ebenso wie man durch die Beseitigung der eingefahrenen Ängste den Weg zur Gesundung wiederfindet.

II.
DIE ENTSTEHUNG SINNLOSER ÄNGSTE

Sinnlose Angst kann urplötzlich aus einer einmaligen Erfahrung heraus entstehen oder über einen langen Zeitraum hin als Folge einer Serie von Ereignissen entwickelt werden. Sie wird mit einer Situation verknüpft (1), wenn in ebendieser Situation Angst erfahren wird, sei es in direkter Einwirkung oder durch einen Konflikt, oder sie ist das Ergebnis von Fehlinformationen (2).

Nahezu jeder Mensch kann sinnlose Angst entwickeln. Sinnlose Angst weist nicht darauf hin, daß die betroffene Person konstitutionsmäßig schwächer, moralisch labil oder geistig »anfälliger« ist. Dennoch neigen besonders zwei Personengruppen dazu, sinnlose Ängste zu entwickeln. Den ersten Typus stellt der außergewöhnlich emotionell veranlagte Mensch dar. In einer furchterregenden Situation wird dieser Mensch ein außergewöhnlich starkes Angstgefühl entwickeln – und dazu tendieren, dieses Angstgefühl mit ebendieser Situation in Zusammenhang zu bringen. Beim zweiten Typus handelt es sich um einen Menschen, der infolge eines frühen Angsterlebnisses bei ähnlichen Situationen um so verletzlicher ist. Entgegen der herkömmlichen Meinung ist es dabei jedoch nicht ausschlaggebend, ob die kritischen, angstbesetzten Ereignisse in frühester Kindheit stattfanden oder später. Sie können sich zu jedem Zeitpunkt ereignet haben, nahezu unberechenbar, in jedem Alter, in Verbindung mit nahezu jedem Objekt oder Ereignis. Die Anfälligkeit einer Person für diese Ängste ist weder von ihrer Intelligenz noch von ihrer physischen Konstitution abhängig.

Das einmalige Erlebnis als Angstauslöser

Die Bereitschaft, sinnlose Ängste zu entwickeln, hat oft ihren Ursprung in einem einmaligen intensiven Angsterlebnis. Einige der eindrucksvollsten Beispiele lassen sich auf Kriegserlebnisse zurückführen. – Ein Korporal ist mit seinem Zug in einem Kornfeld in Stellung gegangen und feuert sein Maschinengewehr ab. Im selben Augenblick wird sein Nachbar von einem Schrapnell zerrissen und stirbt. Der Korporal wird von Panik erfaßt und spürt das kaum zu unterdrückende Verlangen, sofort zu fliehen. Die in diesem Augenblick empfundene Angst verknüpft sich mit allen Eindrücken, die in dieser Situation auf ihn eingewirkt haben – alle Szenen, Geräusche und Gerüche des Schlachtfeldes. Spätere Konfrontationen mit diesen Dingen – sei es in Realität oder hervorgerufen durch Erzählungen oder Bilder – provozieren starke Angstgefühle. War es das Rattern des Maschinengewehrs, das zum kritischen Zeitpunkt besonders stark empfunden wurde, so wird dieses Geräusch ein besonders starker Auslöser der Angstgefühle werden, und ähnliche Geräusche – wie beispielsweise ein bergauf fahrendes Motorrad mit aufheulendem Motor – werden gleichfalls zu Angstauslösern, wenn auch in geringerem Maße, durch sog. »Generalisierung« (vgl. Kap. III).

Was auch immer im Moment des Angsterlebnisses besonders stark auf die betroffene Person einwirkt und ihre Aufmerksamkeit fesselt, wird zum bevorzugten Angstauslöser. Im beschriebenen Beispiel war es das Geräusch des abgefeuerten Maschinengewehrs. Der Anblick von Blut, der zum damaligen Zeitpunkt herrschende Sprühregen, der Klang menschlicher Schreie, der Explosionsgeruch brauchen nur in geringerem Maße angstverknüpft zu sein, da sie sich zum kritischen Zeitpunkt nicht im Zentrum der Aufmerksamkeit der betreffenden Person befanden.

Ebenso werden Ängste im alltäglichen Leben oft durch ein einmaliges Erlebnis hervorgerufen.

Sylvia hielt auf ihrer Fahrt zum Supermarkt an einer Ampel. Als die Ampel auf »Grün« wechselte, fuhr Sylvia in die Kreuzung hinein, wurde jedoch von einem Lastwagen erfaßt, der das Rotsignal auf seiner Seite übersehen hatte. Sie wurde dabei nur leicht verletzt, trug aber einen schweren Schock davon, der durch den Anblick des von der Seite her auf sie zubrausenden Lastwagens hervorgerufen wurde. Seither hatte sie Angst vor Autos (und Lastwagen), die sich ihr seitlich näherten. Während sie generell im Straßenverkehr keine Angst hatte, wurde sie aufs höchste nervös, wenn sie an einer Kreuzung so abbiegen mußte, daß der Gegenverkehr seitlich auf sie zukam – selbst wenn dieser noch einen Kilometer entfernt war.

Jochen, 32 J., kam wegen intensiver Ängste in Behandlung, die ihn daran hinderten, in einem Auto zu fahren oder sich überhaupt darin aufzuhalten. Er hatte vier Jahre zuvor mit seinem VW vor einer Ampel gehalten. Ein plötzlicher Aufprall von hinten warf ihn kopfüber an die Windschutzscheibe. Die einzige äußerliche Verletzung war ein kleiner Schnitt an der Stirn. Jochen war nicht einmal bewußtlos geworden. Eine Welle der Panik hatte ihn jedoch erfaßt, und ihm schoß der Gedanke durch den Kopf: »Jetzt muß ich sterben.« Diese Angst wurde unbewußt mit dem Innenraum des Autos verknüpft und dehnte sich auf alle PKW-Innenräume aus. Während der vergangenen vier Jahre war er unfähig gewesen, sich ohne große Aufregung in ein Auto zu setzen, geschweige denn, am Steuer zu sitzen.

Heinrich, 40 J., gehörte einer Gruppe an, die sich mit Höhlenforschung beschäftigte. Im Verlauf einer Expedition in einem Höhlenlabyrinth befand er sich gerade tief unter der Erdoberfläche und von seinen Kameraden abgesondert, als ein Windstoß seine Lampe verlöschen ließ. Er besaß keine Streichhölzer und wurde von dem Gefühl überfallen, jetzt lebendig begraben zu sein. Er geriet in Panik. Seit diesem Erlebnis fürchtete er sich nicht nur vor Höhlen, sondern vor jeder Situation, die beengend auf ihn wirkte, sei es das Reisen im Flugzeug, die Fahrt durch einen Tunnel, eine Zugfahrt, ja sogar das Ausgestrecktliegen in einem Bett mit festgestecktem Bettzeug.

Eine der verbreitetsten Ängste ist die Scheu, öffentlich zu sprechen oder – allgemeiner – im Mittelpunkt der Aufmerksamkeit zu stehen. Oft läßt sich auch diese Angst von einem einzigen Erlebnis ableiten.

Amely, 21 J., beschrieb, wie ihre Angst mit zwölf Jahren begann. Sie stand vor der Klasse und las aus einem Geschichtsbuch vor, als sie plötzlich ein Wort falsch aussprach. Die Klasse johlte, und sie fühlte sich zutiefst beschämt. Seither war sie unfähig, vor der Klasse zu sprechen und geriet in große Aufregung, wenn sie es dennoch tun mußte. In der Folgezeit fürchtete sie sich auch vor entsprechenden gesellschaftlichen Situationen, insbesondere wenn sie eine Geschichte erzählen sollte oder irgend etwas tun mußte, was die allgemeine Aufmerksamkeit auf sie zog.

Einige sehr ernste, zu starken Beeinträchtigungen führende Ängste können ebenfalls auf ein einmaliges Erlebnis zurückzuführen sein.

Stefan, 52 J., Industrieberater, wurde, seit er 32 Jahre alt war, von der Angst gepeinigt, sein Haus nicht verlassen zu können (eine Angstvorstellung, die als »Agoraphobie« bekannt ist). Dies bewog ihn, in ein Appartement umzuziehen, das nur einen Häuserblock von seinem Büro entfernt war; doch selbst diese Entfernung konnte er nur mit großen Ängsten überbrücken. Verständlicherweise wirkte sich dies nicht gerade vorteilhaft auf seine Arbeit aus.
Die Geschichte, die aufgedeckt wurde, hatte zwanzig Jahre vorher begonnen, als seine innig geliebte Frau an Lungenkrebs gestorben war. Bis zuletzt hatte er ihren Todeskampf miterlebt. Vorübergehend war es ihm gelungen, das Trauma dieses Erlebnisses zu überwinden und erneut Beziehungen zu Frauen einzugehen. Drei Jahre später begannen seine Angstanfälle. Zur damaligen Zeit hatte er eine feste Freundin, die des öfteren in seinem Appartement übernachtete. Eines Nachts begann sie nach einem Orgasmus schwer zu atmen und Bewegungen zu vollführen, die ihn an die Krämpfe seiner Frau im Todeskampf

erinnerten. In höchster Aufregung beschwor er seine Freundin, sich sofort heimfahren zu lassen. Im Auto stellte Stefan fest, daß er seinerseits Schwierigkeiten mit dem Atmen hatte. Er geriet in Panik, setzte das Mädchen am nächsten Taxistand ab und fuhr sofort zurück nach Hause. Seit diesem Erlebnis konnte er sich vor Angst kaum noch aus dem Haus entfernen, dazu kamen »Begleitängste«, darunter die Angst, geisteskrank zu werden, die Angst vor Versammlungen und Partys (Menschenmengen), die Angst, allein im Auto zu sitzen, sowie die Angst vor toten Tieren.

Multiple Ereignisse als Angstauslöser

Ebenfalls weit verbreitet sind sinnlose Ängste, die sich in Folge von mehreren Angsterlebnissen allmählich steigern, wobei die verschiedenen Situationen sich grundlegend gleichen.

Agoraphobie kann wie im vorhergehenden Fall durch ein einzelnes Erlebnis ausgelöst werden oder sich langsam entwickeln.

Jana, 30 J., hatte bei der ersten Konfrontation mit einem Angstphänomen nur ein mäßiges Angstgefühl. Dieses erste Erlebnis stellte jedoch den Grundstein einer progressiven Angstentwicklung dar. Wie Stefan datierte sie ihre Neurose auf einen Angstanfall zurück, den sie während eines »Blackouts« auf der Autobahn erlitten hatte. Hierbei schwenkte sie aus der Fahrtrichtung aus und lenkte ihr Fahrzeug gegen die Straßenbegrenzung, wo sie stehenblieb. Eine halbe Stunde lang lasteten Unwohlsein und Schwächegefühle auf ihr, danach bekam sie starke Angstzustände. Jana setzte ihre Fahrt fort, als diese Gefühle nachließen. Während des halbstündigen Nachhauseweges wurde ihre Angst immer geringer, bis sie schließlich ganz verschwand.

Eine Woche lang vermied sie das Autofahren gänzlich. Als sie sich dann wieder ans Steuer setzte, fühlte sie sich äußerst nervös, wenn sie allein im Auto war oder sich an ihr »Blackout« erinnerte – oder sich schlecht fühlte und eine Ohnmacht aufsteigen zu spüren glaubte. Jedesmal, wenn sie beim Fahren mit diesen Gefühlen konfrontiert wurde, hob sich ihr »Angstpegel«, was sich durch zwei weitere Ohnmachten noch verstärkte. Nach einigen Wochen stellte sie fest, daß die Angstanfälle bereits ohne jeglichen erkennbaren Grund auftraten, und zwar in einer Vielzahl von Situationen – in Fahrstühlen, bei Menschenmengen oder in großen Kaufhäusern. Das verbindende Element, das sich bei all diesen Situationen feststellen ließ, war das Gefühl der Isolation, des Abgeschnittenseins.

In einigen Fällen ist es eindeutig, daß ein oder mehrere sensibilisierende Ereignisse vorliegen, die bereits vor langer Zeit, möglicherweise in frühester Kindheit, stattgefunden haben.

Karl, 58 J., Textildesigner, verspürte ein Gefühl des Verlorenseins an für ihn unvertrauten Orten. Dies hatte in seiner Kindheit begonnen und sich in seinem späteren Leben verstärkt. Als er sechs Jahre alt war, hatte er einen Freund zum Bahnhof begleitet. Auf dem Heimweg verirrte er sich, fing an zu weinen und wurde von einem Polizisten wieder auf den richtigen Weg geschickt. Später, als er zwölf Jahre alt war, besuchte er die Neujahrsfeierlichkeiten auf einem Platz in der Stadt. Plötzlich überkam ihn ein starkes Gefühl des Verlorenseins, begleitet von der Vorstellung, nicht »entkommen« zu können.

Von da an fühlte er sich an fremden Orten und in Menschenmengen unwohl, sein Angstgefühl war jedoch noch nicht zu einem Ausmaß angewachsen, das einschneidend auf sein Leben gewirkt hätte. Dies änderte sich jedoch, als er – einen Monat, bevor er mich erstmals aufsuchte – eine größere Geschäftsreise nach London unternahm. Nachdem er etwa eine Stunde in der Hotelhalle mit Leuten verbracht hatte, die er gerade erst kennengelernt hatte, überwältigte ihn erneut ein Gefühl des Verlorenseins. Er wollte sich zurückziehen, entschuldigte sich und flüchtete über die Straße in einen Park. Nach zehn Minuten verschwand das Angstgefühl, und er konnte zu seiner Gruppe zurückkehren. Dennoch fühlte er sich für den Rest der Reise unwohl, und seit diesem Erlebnis rief jeder fremde Ort das gleiche Panikgefühl in ihm hervor.

Auf ähnliche Art und Weise kann Angst vor öffentlichen Auftritten schrittweise aufgebaut und nicht durch ein markantes Erlebnis ausgelöst worden sein. Im allgemeinen findet man hier eine Aneinanderreihung verunsichernder Situationen, von denen jede einen immer höher werdenden Grad an Angst hervorruft. Aber die Präsensibilisierung – das frühe Angsterlebnis, das einen verletzlicher macht für spätere ähnliche Situationen – muß nicht unbedingt in der allerfrühesten Kindheit stattgefunden haben.

Christa, 35 J., Krankenschwester, hatte eine tiefe Angst davor, selbst vor kleinen Gruppen öffentlich zu sprechen. Eine schwächere Version ihrer Angstzustände konnte auf ihr neuntes Lebensjahr zurückdatiert werden. Ihr Vater, ein Volksschuldirektor, pflegte sie oft vor Erwachsenen zur Schau zu stellen und ließ sie vorlesen oder Gedichte rezitieren. Als Christa einmal vor dem Lehrerkollegium ein Gedicht aufsagte, wußte sie plötzlich nicht weiter. Ein Gemurmel ging durch den Raum. Sie wurde irritiert, sprach an der falschen Stelle weiter und schämte sich noch mehr. Trotzdem schaffte sie es, das Gedicht irgendwie zu Ende zu bringen. Seitdem hegte sie eine ständige Furcht davor, öffentlich zu sprechen, obwohl sie dies oft vor der Klasse tun mußte. Da die Angstgefühle sie nicht sehr stark beeinträchtigten, kam sie nicht in Therapie.

Ein Jahr, bevor ich sie kennenlernte, begleitete sie ihren Gatten, einen Geschäftsmann, zu einem Kongreß in einer entfernten Stadt. Sie war nur widerstrebend mitgefahren, in ständiger Sorge, mit ihm zusammen im Zentrum der allgemeinen Aufmerksamkeit zu stehen. Trotz seiner Versicherung, dies würde nicht geschehen, trat gerade diese Situation ein, und eine überwältigende Angst stieg in ihr hoch. Danach fürchtete sich Christa selbst davor, vor kleinen Gruppen zu sprechen oder auch nur ans Telefon zu gehen. Da sie durch ihren Beruf jedoch oft genug Ärzten und Krankenschwestern des Hospitals Bericht erstatten mußte, bedeutete ihre Angst eine schwere Beeinträchtigung, so daß sie ihre Situation für nahezu unerträglich hielt.

Viele soziale Ängste – wie etwa die Angst vor Kritik, Mißbilligung, die Angst davor, »das Falsche zu tun« – entwickeln sich durch eine Serie verunsichernder Erfahrungen. Häufig steht am Anfang die wiederholte Züchtigung durch ein Elternteil, dem man es nie »recht machen« konnte. Es ist kaum verwunderlich, daß mit solcher Erfahrung das Kind nicht nur gegenüber dem Elternteil, sondern auch gegenüber Autoritätspersonen und vielleicht noch vielen anderen Menschen angstvoll reagieren wird. Die Stärke des Angstgefühls, das durch die verschiedenen Personen ausgelöst wird, hängt hierbei von der Ähnlichkeit ab, die die betreffende Person mit dem gefürchteten Elternteil (Alter, Autoritätsverhalten, Gesichtszüge, Statur, Gestik und Verhalten) verbindet.

So verbirgt sich hinter Scheu und mangelndem Selbstbewußtsein einer Person immer eine Vorgeschichte.

Konflikte als Angstauslöser

Jeder weiß, daß eine schwierige Entscheidung, die getroffen werden soll, emotionelle Spannung hervorrufen kann. Entscheidungen und Konflikte des täglichen Lebens stellen im allgemeinen keine bleibende Beeinträchtigung dar, denn sie werden gewöhnlich recht schnell gelöst. Ein Mann kann unschlüssig sein, ob er an der Börse investieren soll oder nicht, ob er in den Ferien seine Verwandten besuchen soll (und welche) oder welchen neuen Autotyp er sich zulegen soll. Da es ihm natürlich in jedem Fall um die beste Alternative geht, wird er zwar eine gewisse Unruhe empfinden, aber deshalb noch lange nicht außer Fassung geraten.

Wesentlich mehr Gewicht haben dagegen Spannungen, die durch langjährige Konflikte in entscheidenden Lebensbereichen hervorgerufen werden, etwa die Frage, welcher Beruf der richtige sei. Wenn hier die miteinander in Konflikt stehenden Impulse stark und gleichwertig sind, kann eine Person unfähig sein, sich jemals zu entscheiden.

Einer der bekanntesten Konflikte findet sich bei Frauen, die sich in ungewollten Beziehungen gefangen fühlen. Diese Frauen erleben einen ständig wachsenden Grad an Angst, die aus verschiedenen Ursprüngen resultiert; diese Angst kann sich auch auf andere Situationen auswirken, in denen sie etwa das Gefühl haben, sich nicht mehr von zu Hause entfernen zu können.

Fehlinformationen als Angstauslöser

Als Heranwachsende werden wir von Eltern, Lehrern und anderen Erwachsenen vor einer Vielzahl von Gefahren gewarnt – bissigen Hunden, stechlustigen Bienen, »bösen Onkeln«, den Tücken des Verkehrs usw. Schließlich halten wir alle diese Dinge für gefählich; unsere automatische Gefühlsreaktion darauf ist Angst in verschieden starkem Ausmaß. Sobald wir wissen, was der Begriff »gefährlich« beinhaltet, mag es z. B. vorkommen, daß wir von jemandem hören, Frösche seien gefährlich. Wenn wir dieser Person dann Glauben schenken, ordnen wir Frösche prompt in die Kategorie der Dinge ein, die wir für gefährlich halten und auf die wir entsprechend reagieren. Von nun an werden wir Angst vor Fröschen haben und vor ihnen fliehen, wo wir nur können, obwohl sie harmlos sind.

Charlotte, 21 J., Studentin, bedrückte eine breite Skala von sozialen Ängsten. In nahezu jeder beliebigen Situation war sie unfähig, sich selbst zu behaupten. Sie fühlte sich stets schuldig und hatte das Gefühl, sich andauernd rechtfertigen zu müssen. Deshalb litt sie oft unter Depressionen. Vor zwei Jahren hatte sie begonnen, sich Wimpern und Augenbrauen auszureißen. Sie erklärte dies damit, daß dieses Tun ihr etwas Erleichterung in ihrer depressiven Stimmung verschaffte. Ihre sozialen Ängste und die bizarren Gewohnheiten, die daraus resultierten, ließen sich auf eine Drohung zurückführen, die von ihrem Kindermädchen geäußert worden wurde, als Charlotte vier Jahre alt war. Immer wenn sie ungezogen war, drohte ihr Kindermächen, aus ihr Hackfleisch zu machen. Dies erschreckte das Kind. Als die Gouvernante sie schließlich verließ, um zu heiraten, sagte sie dem Kind, sie täte dies, weil ihre Pflegekinder so unartig seien. Diese Behauptung löste erstmals Charlottes Schuldgefühle aus.

In ähnlicher Weise entwickeln viele Menschen Ängste gegenüber der Selbstbefriedigung, weil man ihnen einst gesagt hat, solches Tun sei gesundheitsschädlich. Viele junge Frauen fürchten sich vor ihren eigenen sexuellen Gefühlen, da ihnen ihre Mütter früher erzählt haben, diese seien schmutzig und ekelerregend, oder weil ihnen im Religionsunterricht gesagt worden ist, sexuelle Anziehung durch einen Mann, mit dem man nicht verheiratet ist, sei eine Todsünde, die geraden Weges in die ewige Verdammnis führe.

Ängste, die auf Fehlinformationen beruhen, können auch durch andere Personen – sogar ohne daß darüber gesprochen wird – vermittelt werden. Ich traf einmal eine Frau, die sich sehr vor Insekten fürchtete. Sie erzählte mir, ihre Schwestern litten an derselben Furcht. Alle drei hatten ihre Mutter wiederholt auf Käfer jeder Art voll Entsetzen reagieren sehen und daraus fälschlicherweise den Schluß gezogen, daß wohl jeder Käfer überaus gefährlich sei.

Lisa, 35 J., kunstgewerblich tätig, befand sich seit zehn Jahren ununterbrochen in psychoanalytischer Behandlung. Sie litt unter andauernden Depressionen und erlebte häufige Gemütseinbrüche, die manchmal äußerst gewalttätig wurden. Obwohl sie während eines normalen Geschlechtsverkehrs nie zum Orgasmus kommen konnte, war sie durchaus imstande, durch Masturbation zum Höhepunkt zu gelangen, indem sie ihre Oberschenkel aneinanderrieb. Dies durfte jedoch nicht in Gegenwart ihres Ehemannes geschehen. Die Behauptung ihres Therapeuten, ihre Probleme seien so tiefgründig, daß sie unfähig sei, überhaupt sexuell zu »funktionieren«, hatte sie tief entmutigt. Indem sie diese Vorstellung akzeptierte, fühlte sie sich unrettbar zur Frau zweiter Klasse verdammt.

Während der ersten Sitzungen kam eindeutig ans Licht, daß diese fixe Idee der Grund ihrer Depressionen war. Mehr noch, der Grund ihrer sexuellen Schwierigkeiten lag in ihrer Furcht, anderen Leuten kein Vertrauen schenken zu können. Diese Angst resultierte aus dem Verhalten, das ihr Vater ihr gegenüber an den Tag gelegt hatte.

Dieser tat oft und unerwartet Dinge hinter ihrem Rükken: So hatte er, als sie zwölf Jahre alt war, heimlich ihren Lieblingshund getötet, während sie gerade in der Schule war. Ihre Unfähigkeit, anderen Menschen zu vertrauen, wurde zum Ursprung ihrer sexuellen Probleme. Einen Orgasmus in Gegenwart einer anderen Person zu haben bedeutete für sie ein Sich-selbst-Preisgeben, eine Bloßstellung ihrer selbst, die sie nicht riskieren wollte.

Sobald ihr klar wurde, daß ihre Schwierigkeiten auf Ängsten beruhten, die bewältigt werden konnten, verlor sie ihr permanentes Minderwertigkeitsgefühl und verspürte sofort eine tiefe emotionelle Erleichterung. In den weiteren Sitzungen, die dazu dienten, ihre Ängste gegenüber anderen Menschen sowie ihre Unfähigkeit, Orgasmen während des Geschlechtsverkehrs erleben zu können, abzubauen, zeigte sie sich sehr kooperationsbereit. Ihre Genesung hält mittlerweile neun Jahre an.

Angst und Erinnerung

Obwohl oft das Gegenteil behauptet wird, habe ich aufgrund sorgfältiger Nachforschungen herausgefunden, daß in über 75 Prozent aller Fälle die angstauslösenden Ereignisse im Gedächtnis der betroffenen Person haften bleiben. Eine Rückerinnerung ist vor allem gegeben, wenn die Angstneurose durch ein einmaliges Erlebnis hervorgerufen wurde.

Dennoch ist es interessant, daß die Erinnerung an das auslösende Ereignis zwar oft verschwindet, die Angst jedoch bestehenbleibt. Dies geschieht im allgemeinen dann, wenn die Angst schon in einem sehr frühen Lebensabschnitt begonnen hat, wie etwa im berühmtgewordenen Fall des kleinen Albert, der im Alter von elf Monaten eine Angst vor pelzigen Objekten entwickelte. Dies kann aber auch wesentlich später erfolgen, wenn sich das Langzeitgedächtnis bereits voll entwickelt hat. Angstgewohnheiten unterliegen dem autonomen Nervensystem, welches erheblich primitiver konstruiert ist als das die Gedanken und Erinnerungen kontrollierende System. Daher kann eine Erinnerung schwinden, während die gleichzeitig erlernte Angst bestehenbleibt. Obgleich es natürlich immer interessant und unter Umständen auch hilfreich sein mag, herauszufinden, wann und warum eine Angstneurose begann, ist es dennoch wichtiger, ein klares und präzises Bild der Angstauslöser zum augenblicklichen Zeitpunkt zu gewinnen, vor allem darüber, auf welche Weise sich solche Angstvorstellungen einschneidend auf den individuellen Lebenswandel der betroffenen Person auswirken – ohne Rücksicht zunächst auf die frühen Ursachen (vgl. Kap. X).

Über die Ausbreitung von Ängsten

Wir haben bereits gesehen, wie sich die Angstskala erweitern kann, wenn neue Dinge in die Kategorie »gefährlich« eingeordnet werden. Ebenso kann es geschehen, daß Dinge, die während eines Angsterlebnisses zugegen sind, in Zukunft mit Angst in Zusammenhang gebracht werden. Diese jetzt als beängstigend empfundenen Objekte oder Situationen können nun ihrerseits als »Carrier« (= Übermittler) wirken, die die Angst auf weitere Aspekte der Umgebung ausdehenen. So konnte beispielsweise Nancy, 33 J., die Angst vor großen Menschenmengen hatte, nur tagsüber ins Kino gehen, weil sich dann nur wenige Zuschauer dort aufhielten. Eines Nachmittags füllte sich das Kino jedoch mit einer Studentengruppe. Das versetzte sie in helle Panik. Seitdem fürchtete sie nicht nur Menschenansammlungen, sondern auch Kinos, selbst Restaurants oder Kirchen – jedes öffentliche Gebäude, selbst wenn es völlig leer war.

Dagmar, 32 J., wurde oft heftig von ihrem Ehemann kritisiert und begann sich vor seinem allabendlichen Nachhausekommen zu fürchten. Diesen Gefühlen schenkte sie allerdings wenig Aufmerksamkeit; sie versuchte vielmehr, an sich selbst zu arbeiten, um seine Kritik zum Verstummen zu bringen. Dennoch wurde sie immer angespannter, wenn sich der Zeitpunkt seiner Heimkehr näherte, und wurde sich in immer stärkerem Maße ihrer körperlichen Symptome bewußt: Ihr Herzschlag raste, sie fühlte sich schwach und leer im Kopf, ihre Hände wurden feucht. Allerdings brachte sie diese Empfindungen niemals mit ihrem Gatten in Zusammenhang. Die Symptome erschreckten sie, und als die Medikamente ihres Arztes keine Besserung brachten, war sie schließlich der Verzweiflung nahe.

Als ihr Ehemann auf einer längeren Geschäftsreise weilte, reiste Dagmar zu ihren Eltern. Sie besuchte dort eine Freundin, die gerade einen Nervenzusammenbruch erlitten hatte. Ihre Freundin sah erschöpft und verhärmt aus, und Dagmar begann sich zu fragen, ob mit ihr nicht vielleicht genau dasselbe sei. Während sie diese Überlegungen hin und her wälzte, wurde sie immer nervöser. Dieser Zustand der Unruhe hielt die ganze Zeit, die sie noch in ihrem Elternhaus verbrachte, an. Als sie schließlich heimkehrte, verbesserte sich ihr Zustand sofort. Allerdings war sie jetzt außerstande, ihr Elternhaus wiederzusehen. Es war ein weiterer Auslöser ihrer Angstvorstellungen geworden.

Dagmars Ängste hatten sich also folgendermaßen ausgebreitet: Ihr ängstliches Reagieren auf die Kritik ihres Gatten zog verschiedene Symptome nach sich; sie fühlte sich nach eigenen Angaben »wirr im Kopf«. Diese Symptome wiederum verstärkten ihre Angst, die sich durch den Besuch bei ihrer Freundin noch steigerten, da sie ihre Symptome mit der Vorstellung eines Nervenzusammenbruches gleichsetzte. Diese Annahme bewirkte wiederum, daß sie, solange sie in ihrem Elternhaus weilte, unter einem gleichbleibend hohem Angstpegel litt. Das letzte Glied in der Kette bildete nun eine Angst, die sie in Zukunft daran hinderte, ihr Elternhaus weiterhin zu besuchen, da sie es stark mit ihren dort erlebten Angstvorstellungen in Zusammenhang brachte.

In allen geschilderten Beispielen finden wir eine Person, die unter ganz bestimmten, individuellen Voraussetzungen mit Angst reagiert: in einem Auto oder weit vom Zuhause entfernt, bei einem bestimmten Gedanken oder einer bestimmten Körperreaktion, vor Versammlungen etc. Jedesmal, wenn sich die betroffene Person in dieser Situation wiederfindet, wird sie Angst verspüren. Mit anderen Worten: Wir haben es hier mit einer »Gewöhnungsangst« oder »Angstgewohnheit« zu tun. Im nächsten Kapitel wollen wir uns deshalb einmal Gewohnheiten als solche ansehen – was sie sind und wie sie sich entwickeln – und uns natürlich »Angstgewohnheiten« im besonderen vornehmen.

III.
ANGSTGEWOHNHEITEN –
GEWOHNHEITSÄNGSTE

Die Verhaltenstherapie hat ihren Ursprung in einem Bereich erlebt, dem anfänglich von den Psychotherapeuten nur wenig Bedeutung zugemessen wurde: dem genauen Studium der Gesetzmäßigkeiten von Verhalten und Lernen. In der Tat stellt der Fachjargon dieses Forschungsbereiches gleichsam den Basiswortschatz der Verhaltenstherapie dar. Einer der wichtigsten Begriffe in diesem Wortschatz ist die Bezeichnung »Gewohnheit«. Dieser Begriff steht durchaus in Beziehung zu unseren herkömmlichen Vorstellungen von »Gewohnheit«, seine Bedeutung innerhalb der Verhaltenstherapie ist jedoch einerseits umfassender, andererseits spezifischer zu verstehen.

Eine Gewohnheit ist ein bestimmtes Inventar von Reaktionen, die konsequent immer durch die gleichen Umstände ausgelöst werden.

Reaktionen zeigen sich in Handlungen, in Gefühlen und in Gedanken.

Viele Gewohnheiten können verschwinden, wenn sie dem Individuum nicht mehr von Nutzen sind. Angstgewohnheiten machen dagegen eine bemerkenswerte Ausnahme. Um diesen Unterschied zu verstehen, müssen wir kurz auf die charakteristischen Grundzüge der Gewohnheiten eingehen und uns klarmachen, wie sie geformt und wieder durchbrochen werden. Wir werden hierbei die Handlungen, die Gefühle und die Gedanken getrennt voneinander betrachten (obwohl sie niemals streng getrennt auftreten!), und zwar beginnen wir mit Handlungsgewohnheiten (sog. motori-

schen Gewohnheiten), da diese jedermann wohlbekannt
sind.

Handlungsgewohnheiten

Viele Gewohnheiten äußern sich in kleinen, unscheinbaren
Reaktionen, die wir kaum beachten. So hat z. B. ein Mann
die Angewohnheit, sich während angestrengten Nachden-
kens das Kinn zu kratzen, während eines Telefonanrufes mit
einem Bleistift zu spielen oder den Mund zu spitzen, bevor
er auf eine Frage antwortet. Weiterhin kann er eine Fülle
komplexer Gewohnheiten aufweisen: Beispielsweise räumt
er jedesmal, bevor er ausgeht, sein Schlafzimmer auf, auf
dem Nachhauseweg hält er in derselben Bar an, die Sieben-
Uhr-Nachrichten verpaßt er nie, und stets liest er noch ein
bißchen vor dem Schlafengehen. Gewohnheiten führen
dazu, das Verhalten einer Person vorhersagbar zu machen.
Trotzdem können sie »gestört« werden. So pflegt eine Frau
beispielsweise die Toilette aufzusuchen, sobald sie das Gefühl einer vollen Blase verspürt – nicht jedoch, wenn dieses
Gefühl plötzlich während der Sonntagspredigt auftritt. Ein
Mann, der gewohnheitsmäßig ein üppiges Abendessen zu
sich nimmt, kann völlig den Appetit verlieren, wenn er erfährt, daß er möglicherweise seinen Job verliert. Ich selbst
kritzele während eines Telefongespräches automatisch mit
einem Stift auf meinem Block – ist weder Stift noch Block
vorhanden, wird meine Gewohnheit im Keim erstickt.
Ebenso pflege ich mir beim Betreten eines Hauses die
Schuhe abzutreten – allerdings nur, wenn auch ein Türvorle-
ger vorhanden ist.

Wir alle haben Tausende von Handlungsgewohnheiten
entwickelt, von einfachen – wie oben beschrieben – bis zu
unerhört komplexen Fertigkeiten wie Schreibmaschinen-
schreiben, Klavierspielen und »Chirurgie am offenen Her-
zen«! Jede dieser Aktivitäten besteht aus verwickelten Ket-
ten von gewohnten Bewegungsabläufen. Jede erfordert

gleichzeitig, daß man sich eines »Szeneriewechsels« bewußt wird, einige Gewohnheiten erfordern weniger Aufmerksamkeit als andere. – Die Sekretärin beispielsweise nimmt einen Bogen Papier, spannt ihn ein, dreht die Walze der Schreibmaschine, stellt den Tabulator ein und beginnt dann mit einer Folge von unglaublich präzisen Fingerbewegungen – Bewegungen, die erlernt wurden. Sie betätigt die Schreibmaschinentasten in bestimmter Anordnung, wie es die Wörter verlangen; je nachdem, wie der geschriebene Text aussieht, wird sie weiterschreiben oder die Walze zurückdrehen und Korrekturen vornehmen. Dies ist das komplexe Bewegungsinventar der Gewohnheit, die wir mit dem Begriff »Maschineschreiben« bezeichnen. Sie hat Parallelen in unzähligen anderen Gewohnheiten: im Autofahren, Baseballspielen, Bleistiftanspitzen, Essen. Jede dieser Aktivitäten folgt einer eigenen Gesetzmäßigkeit, und jede hält sich insofern selbst in Schach, als sie nicht auf andere Gewohnheiten übergreift.

Gefühlsmäßige Gewohnheiten

Auf ähnliche, immer wiederkehrende Situationen antworten wir übereinstimmend mit ähnlichen Gefühlsreaktionen. Obwohl wir diese gewöhnlich nicht als Angewohnheit bezeichnen würden, passen sie dennoch perfekt in die Definition von »Gewohnheit«, die wir zu Beginn dieses Kapitels kennengelernt haben.

Gefühle sind abhängig von der Aktivität des autonomen Nervensystems, welches die Funktion der inneren Organe kontrolliert – z. B. den Herzschlag, die Funktion der Schweißdrüsen, die Tätigkeit der Eingeweide etc. Diese Funktionen fallen gewöhnlich nicht unter die Kontrolle des Bewußtseins. Unterschiedliche Kombinationen der autonomen Reaktionen stellen das physiologische Fundament der Gefühle dar, die wir empfinden und beim Namen nennen können: etwa Furcht, Wut, Freude, Ekel, Überraschung, Verliebtsein, Sympathie/Antipathie etc. Wir spüren einen

Gefühlswechsel, wenn etwas – ein Lächeln, ein Kuß, ein grimmiges Gesicht – einen Wechsel in unserem autonomen Nervensystem hervorruft.

Die emotionale Reaktion auf ein besonderes Ereignis hängt von dem vorherigen Lernprozeß ab. Hat beispielsweise der aromatische Duft von Moschusöl in meiner Erinnerung die romantischen Empfindungen begleitet, die ich angesichts eines Dinners bei Kerzenschein mit Aussicht auf einen wundervoll gelegenen Schweizer Bergsee gehegt habe, so wird dieser Duft an einem anderen Ort ähnlich romantische Gefühle in mir wecken. Genauso bewirkt ein früherer Lernprozeß, daß ich beim Lächeln einer Person freudige Gefühle verspüre, während mich ein Stirnrunzeln in Unruhe versetzen kann. Hin und wieder können widersprüchliche Gefühle gleichzeitig auftreten. So sah ich einmal eine meisterhaft gebildete griechische Vase, die ich dennoch nicht kaufte, da das Muster am oberen Rand einem Hakenkreuzemblem ähnelte. Dieses Muster hätte mir die ganze Freude an meiner Vase verdorben: Ich hatte *ein* Gefühl – Bewunderung angesichts der Linienführung und der Eleganz des Kunstwerkes – und ein *anderes* – Ablehnung – gegenüber dem, was sich in meiner Erinnerung mit der Vorstellung eines solchen Kreuzes verbunden hatte.

Denkgewohnheiten

Denkgewohnheiten fallen in eine weitere Verhaltenskategorie, die wir üblicherweise nicht als »Gewohnheit« bezeichnen würden. Dennoch lassen sich bestimmte Gedankengänge ebenso leicht provozieren wie Handlungen. Die Bedeutung und Aussprache von Wörtern vermag dies zu veranschaulichen: Wir benutzen Wörter und sprechen sie in einer bestimmten Art und Weise aus. Das Wort »Kreis« beispielsweise läßt in uns das Bild einer ganz bestimmten Form erscheinen. Ebenso sind Meinungen unterschiedlicher Art, ja viele unserer ausgedrückten Einstellungen nichts anderes als Denkgewohnheiten. – So legt z. B. eine Person ihren Standpunkt bezüglich der Waffenscheinkontrolle dar. Diese Einstellung bewirkt, daß man ihn – je nachdem, welche Ansicht er vertritt – als »Liberalen« oder »Konservativen« einstuft. Natürlich können sich Meinungen wie auch Gefühle durch neue Erfahrungen ändern. Durch neue Information wird eine Person veranlaßt, ihren Standpunkt (ihre Denkgewohnheit) zu ändern; man sagt von ihr nicht zu Unrecht, sie »besinnt« sich anders.

Gedankliche Gewohnheiten verknüpfen ein Wort mit einem Bild, stellen eine Assoziation zwischen verschiedenen Ideen und einer bestimmten politischen Einstellung her. Es gilt jedoch, an dieser Stelle noch andere Lernprozesse zu betrachten, wo das Erlernte nicht nur eine einfache Assoziation darstellt, sondern in Fertigkeiten und bestimmten Gedankenabläufen gipfelt. Dies offenbart sich vor allem beim Erlernen von Sprache, ein Vorgang, den Ludwig Wittgenstein mit dem Erlernen eines Spiels vergleicht. Eine Person kann ein Spiel erlernen, indem sie andere Spieler beobachtet. Hat sie es schließlich erlernt, wird sie sich jedoch nicht auf die beobachteten Strategien im Bieten, Reizen etc. beschränken, sondern bald ihre individuelle Spielweise mit einbringen. So hat sich die Person nicht etwa nur ein bestimmtes Inventar an Zügen zugelegt, sondern durch Beobachten bestimmte Regeln erlernt, die sie befähigen, in neuen Situationen entsprechend zu reagieren. Ebenso geschieht dies beim Erlernen von Sprache: Man erlernt die »Spielregeln« durch Erfahrung mit einem mehr oder weniger beschränkten Angebot an Beispielen und wird zum kreativen Teilnehmer des Spiels, indem man den Gebrauch von Sprache auf die jeweilige Situation bezogen anwendet.

Bei verschiedenen Personen können verschiedene Gedankengänge durch dieselbe Situation ausgelöst werden, indem sie verschiedene erlernte Denkweisen reflektieren. Bei einem Fußballspiel können sich beispielsweise die Gedanken des einen Zuschauers hauptsächlich um die Spielstrategie drehen, im Versuch, verschiedene Alternativen des Vorganges zu entwickeln, etwa zu entscheiden, ob an einer bestimmten Stelle des Spieles ein Freistoß angebracht wäre etc. Ein anderer Zuschauer philosophiert dagegen über die Funktion des Fußballspiels als »Kriegsersatz«, als eines symbolischen Kampfes zweier Gegner ohne Verwundete und Tote.

Einige Therapien unterstreichen vor allem die große Bedeutung von Symbolen und nehmen an, daß sie den Schlüssel zu vielen psychischen Problemen darstellen – was in der Tat auch stimmen kann. Wirklich spielen einige Ängste – allerdings eine relativ kleine Zahl – eine symbolische Rolle (vgl. S. 170).

Obwohl Handlungen, Gefühle und Gedanken getrennt voneinander vorgestellt wurden, muß noch einmal betont werden, daß sie in jeder Kombination auftreten. – So erfährt z. B. ein Autofahrer eine Folge von miteinander zusammenhängenden Gedanken, Empfindungen und Bewegungen, die durch das, was er während der Fahrt sieht und hört, ausgelöst werden.

Wechselwirkungen zwischen Reaktionen

Auf den vorangegangenen Seiten stehen Beispiele für widerstreitende Gewohnheiten – mein Konflikt bezüglich der griechischen Vase etc. Bei anderen Beispielen können sich unterschiedliche Gewohnheiten verstärkend auswirken: So kann ein Schreinermeister sowohl durch die Freude an seinem Handwerk als auch durch die Aussicht, ein schönes Stück Geld zu verdienen, motiviert werden.

In der Therapie spielen allerdings miteinander konkurrierende Interaktionen die größere Rolle, wie wir später noch sehen werden. – Reaktionen stehen oft miteinander im Widerstreit. Stellt sich eine Reaktion als stärker denn die mit ihr konkurrierende heraus, wird sie dominieren und die andere Reaktion unterdrücken. So wird z. B. ein junger Mann, den seine schlechten Zensuren in Besorgnis versetzt haben, nicht mehr viel Spaß an einem Abend mit seiner Freundin haben. Ist er dagegen weniger bekümmert, so können seine Gefühle für sie und das Vergnügen des gemeinsam verbrachten Abends seinen Kummer überwinden. Die Wechselbeziehung zwischen Reaktionen wurde zuerst durch den britischen Physiologen Sir Charles Sherrington beschrieben, der dieses Phänomen »reziproke Inhibition« benannte (vielleicht ist »wechselseitige Hemmung« ein verständlicherer Terminus).

Reziproke Hemmung ist auch bei Bewegungen sichtbar. Wenn wir den Arm biegen, geht die Erregung (= Anspannung) des Bizeps mit der Hemmung (= Relaxation, Entspannung) des Streckers einher; beim Strecken des Armes geschieht das Gegenteil. Wenn wir versuchen, das Knie gegen einen Widerstand zu strecken, werden wir feststellen, wenn wir eine Hand auf den Oberschenkel pressen, daß die oberen Muskeln stark kontrahiert sind, während die Muskeln in der Kniekehle völlig entspannt sind. In der Kniekehle findet also eine Art »Gegenreaktion« statt, die bewirkt, daß hier eine noch größere Entspannung eintritt, als wenn sich das Bein in normaler Ruhestellung befindet. Der funktionelle Wert dieser Reaktion liegt darin, daß das Bein befähigt wird, frei auszuschreiten. In komplexeren, koordinierten Bewegungsabläufen wie etwa dem Gehen ereignen sich fortwährend Erregungen und ihre entsprechenden Hemmungen. Wechselseitige Hemmung zwischen Gefühlsreaktionen sind seit langem in der Forschung untersucht worden. Auch wir sind uns dieser Interaktionen zwischen unseren Gefühlen durchaus bewußt. Lachen erfährt Hemmung durch Traurigkeit, Furcht oder Zorn und kann – wechselweise – seinerseits diese Gefühle hemmen. Mitunter haben wir auch »gemischte Gefühle«. Zorn kann mit Trauer oder Bedauern unterlegt sein. Dabei findet eine Hemmung mehrerer Elemente der entsprechenden autonomen Reaktionen statt sowie eine Freisetzung anderer Parameter.

Die physiologische Grundlage von Gewohnheiten

Es mag helfen, zu verstehen, warum Gewohnheiten so hartnäckig sind, wenn man sich vergegenwärtigt, daß sie von
Schaltungen im Nervensystem abhängen, die durch Lernprozesse initiiert wurden. Erregungsbahnen bestehen aus
Neuronen (den individuellen Nervenzellen). Ein Neuron
wird aktiviert, wenn es von einem anderen erregt wird. Dies
kann jedoch nur geschehen, wenn die Verbindungsstelle
zwischen zwei Neuronen die nötige Kapazität besitzt, Impulse von einem zum anderen zu übertragen. Diese Leitfähigkeit ist die Folge eines Lernprozesses. Eine Verbindungsstelle, die leitend geworden ist, bezeichnet man als *Synapse*
(gr.: »Verbindung«). Die Leitfähigkeit einer Synapse kann
durch weitere Lernprozesse erhöht werden. Sind bestimmte
Neuronen miteinander über Synapsen verbunden, so führt
die Erregung durch einen bestimmten Reiz auch zu einer
ganz bestimmten Reaktion. Natürlich sind bei jedem Bewegungsablauf Tausende von Neuronen zugleich im Spiel.

Wie Gewohnheiten entstehen

Wenn Gewohnheiten entstehen, etablieren sich neue Bahnen im Nervensystem. Sobald diese Bahnen bestehen, lernt
das Individuum, auf neue Art und Weise auf seine Umwelt
zu reagieren. In Tierexperimenten konnte am Versuchsob-
jekt selbst demonstriert werden, daß Lernprozesse direkt mit
der Einrichtung neuer Schaltstellen zwischen verschiedenen
Gehirnregionen korreliert sind. Wenn beispielsweise ein
Versuchstier lernt, sein Vorderbein auf ein akustisches Si-
gnal hin zu heben, so wird in seinem Gehirn eine Verbindung zwischen bestimmten Elementen der akustischen
Wahrnehmung und bestimmten motorischen Elementen hergestellt. Wird ein Mann mit einer fremden Person konfrontiert, zeigt er im Normalfall keine meßbare Reaktion. Wenn
die fremde Person jedoch eine attraktive Frau ist, können

seine Reaktionen schon etwas stärker ausfallen. Wenn es dazu kommt, daß er zu dieser Frau eine Beziehung entwikkelt, wird er ihr bald tiefe Gefühle entgegenbringen: Dann wird er eine starke gefühlsmäßige Reaktion zeigen, wenn er sie sieht. Er hat also in einer Situation eine bestimmte Reaktion entwickelt, die vorher in genau der gleichen Situation nicht (oder nur schwach) auftrat. In seinem Nervensystem wurden gleichzeitig Verbindungen zwischen dem Anblick der Frau und diesen Reaktionen entwickelt.

Auf ähnliche Art und Weise wirkt sich die Stellung, in der eine Mutter ihr Kind beim Füttern hält, bei ständiger Wiederholung als auslösender Mechanismus für Speichelfluß und andere Reaktionen aus; d.h., diese Reaktionen werden auch dann auftreten, wenn sich das Kind in dieser Position wiederfindet, ohne daß es gefüttert wird.

Andere Begleitphänomene oder -objekte wie etwa das Nuckelfläschchen können ebenfalls zu Auslösern werden.

Musikliebhaber pflegen öfter ins Konzert zu gehen; sie erstehen eine Eintrittskarte, legen Abendkleidung an, begeben sich in die Konzerthalle und zu ihren Sitzen und reagieren auf mancherlei Art und Weise auf die dargebotene Musik. Der Musikgenuß verleiht der Handlungskette, die sie für das Konzert in Kauf nehmen mußten, einen völlig neuen Stellenwert.

Für das Kind bedeutet das Gefüttertwerden das letzte Glied in der Kette; für den Musikliebhaber ist es der Hörgenuß. Die Vorgänge liefern eine Belohnung für die vorausgegangenen Handlungen. Viele Experimente haben gezeigt, daß Belohnung die Grundlage des Lernvorganges darstellt. Ob sich eine Gewohnheit aufbauen kann oder nicht, wird durch Belohnung oder ihr Ausbleiben bestimmt. Ein Tier wird sich in einem einfachen Versuchslabyrinth eine Linksdrehung angewöhnen, wenn es gewöhnlich auf der linken Seite der Labyrinthpassage mit Futter belohnt wird; diese Angewohnheit wird sich jedoch schnell verlieren, wenn der Experimentator an dieser Stelle kein Futter mehr anbietet.

Wenn das Orchester miserabel spielt und die Darbietung weit unter dem erwarteten Niveau liegt, bleibt auch für unseren Musikliebhaber die Belohnung aus, und der Wunsch nach einem weiteren Konzertbesuch wird verringert.

Es gibt viele Arten von Belohnung. In unserer Gesellschaft stellt vor allem Geld die häufigste Belohnung dar. – Manche der wichtigsten Belohnungen sind sozialer Natur: Sie entspringen dem Verhalten unserer Mitmenschen. Soziale Belohnungen können ganz verschieden aussehen. Augenfällige Belohnungen sind ausgesprochenes Lob, deutlich gezeigte Zuneigung, sexuelle Befriedigung. Weniger augenfällig sind Aufmerksamkeit, Lächeln und Nicken. Manchmal stellt sogar eine widrige Reaktion eine Belohnung dar, wie bei einem Kind, das sich in einen Wutanfall hineinsteigert, obwohl es weiß, daß es für sein Verhalten bestraft wird – in diesem Moment stellt es die einzige Möglichkeit dar, die Aufmerksamkeit auf sich zu lenken.

Die Befriedigung von Neugier stellt ebenfalls eine sehr subtile Form der Belohnung dar, ebenso wie angenehme Sinneswahrnehmungen aller Art – die Wärme eines menschlichen Körpers, das Blau eines Sommerhimmels, melodische Töne, ja sogar »ganz gewöhnliche« Dinge:

»... naß-glänzende Dächer im Lampenschein;
die harte Kruste freundschaftlichen Brotes;
mancherlei wohlschmeckende Speisen;
Regenbogen und der bitter-blaue Rauch von Holz;
schimmernde Regentropfen, an kühle Blüten geschmiegt, und Blüten selbst, die sich durch Sonnenstunden wiegen...;
Und dann die kühle Freundlichkeit der Laken,
die rasch die aufgewühlten Sorgen glätten;
der harte Kuß der Decke; knorriges Holz;
lebendiges Haar, das frei und glänzend schwingt;
ein blauer Wolkenturm; die glatte Schönheit einer nüchternen Maschine;
die Wohltat heißen Wassers;
das Streicheln eines Fells;

von alten Kleidern der vertraute Geruch
und manches noch . . .«*

Die Existenz so vieler Belohnungsquellen macht klar,
warum wir so reich an Gewohnheiten sind!

Der weite Bereich des Lernens wird noch durch ein Phänomen erweitert, das wir unter dem Begriff *Verallgemeinerung* kennen. Hat eine Person gelernt, auf einen besonderen
Vorgang auf bestimmte Art und Weise zu reagieren, sei es
auf einen Klang, ein Objekt, eine komplexe Angelegenheit,
dann wird sie in ähnlichen Situationen ähnlich reagieren.
Dies geschieht, weil jeder Lernprozeß die Verknüpfung einer Reaktion nicht allein mit einem ganz spezifischen Ereignis, sondern mit einer ganzen Palette ähnlicher Ereignisse
impliziert. Die Stärke der auf diese Weise »verallgemeiner-
ten« Reaktion hängt vom Grad der Ähnlichkeit zwischen
Ereignis und Originalerlebnis ab. Wird z. B. ein Hund wiederholt bei Erscheinen einer weißen Scheibe gefüttert, so
wird er schon bei ihrem Erscheinen Erregung zeigen; die Erregung wird bei Präsentation einer grauen Scheibe abneh-
men und immer mehr verschwinden, je dunkler die Scheibe
wird. Verallgemeinerung kann viele Dimensionen annehm-
men: Größe, Form, Klangstärke, Helligkeit. Das Phänomen
der Verallgemeinerung – oder »Generalisierung« – wird in
Programmen genutzt, die sinnlose Ängste abbauen sollen –
wie wir in den folgenden Kapiteln noch sehen werden.

Das Aufbrechen von Gewohnheiten

Wenn eine Gewohnheit beseitigt oder abgeschwächt wird,
nennen wir diesen Vorgang *Löschung* oder *Extinktion*. Im
allgemeinen geht Löschung mit dem Entzug der gewohnten

* aus: »The Great Lover«, in: *The Collected Poems of Rupert Brooke*, New
York, Dodd, Mead, 1948 (aus dem Original übersetzt von D. Engel, Anm. d.
Übers.)

und die Gewohnheit etablierenden Belohnung einher. Wenn ich wiederholt meine Lieblingskneipe geschlossen vorfinde, wird meine Vorliebe für sie nach und nach verschwinden. Über das Vorgehen der Extinktion gibt es viele Theorien, aber es gibt kaum Zweifel darüber, daß hier konkurrierende Reaktionen (oben bereits als reziproke Hemmung beschrieben) eine große Rolle spielen. Es ist offensichtlich, daß das Individuum bei Ausbleiben der Belohnung frustriert wird und daß die daraus resultierenden Reaktionen die vormals als Belohnung erfahrene Situation abschwächen. Hat z. B. ein Versuchstier gelernt, für den Erhalt einer Belohnung einen bestimmten Hebel zu betätigen, wird es mit anderen Reaktionen aufwarten, wenn ihm die Belohnung entzogen wird: Es schnüffelt im Käfig herum, rennt im Kreise, versucht, den Hebel zu beißen usw. Die verschiedenen motorischen Reaktionen konkurrieren mit der ursprünglichen – dem Hebeldrücken – und schwächen auf diese Weise die erlernte Gewohnheit ab.

Das vorhergehende Beispiel veranschaulicht eine allgemeine Regel. Hat sich die Reaktion auf eine bestimmte Situation als Gewohnheit etabliert, wird die übliche Reaktion behindert und abgeschwächt, wenn in derselben Situation eine andere, unterschiedliche Reaktion provoziert wird. Dies fiel erstmals in Experimenten zum Prozeß des Vergessens auf, von dem man ursprünglich annahm, dies sei ein Vorgang, bei dem lediglich im Laufe der Zeit die gewonnenen Eindrücke nach und nach wieder verschwinden. – Nach einem entscheidenden Experiment zum Vergessen sog. »sinnloser Silben« (»Nonsense-Syllabeln«) wurde diese Theorie schließlich verworfen. Die Versuchsteilnehmer lernten Listen mit zehn sinnlosen Silben (z. B. *baf, nub, sev*), bis sie sie perfekt im Gedächtnis hatten. Anschließend wurden sie wach gehalten oder durften eine bestimmte Zeit lang schlafen, bis ihr Gedächtnis erneut getestet wurde. Es stellte sich heraus, daß die Silben weit besser von den Teilnehmern behalten wurden, die schlafen durften, als von denen, die wach bleiben mußten. Offenbar bewahrten sie im Schlaf die gelernte Assoziation besser als im Wachzustand.

Spätere Experimente zeigten, daß wir etwas vergessen, wenn wir Begriffe, die wir mit bestimmten Bildern in Verbindung gebracht haben, mit neuen Bildern verknüpfen. Die neuen Bilder treten in Konkurrenz mit den ursprünglichen und schwächen die alte Assoziation ab. – Als ich noch in England lebte, bedeutete für mich die Bezeichnung »die Insel« stets die Isle of Wight. Nachdem ich lange Jahre in Philadelphia zugebracht hatte, stellte ich fest, daß ich die Bezeichnung mittlerweile auf Long Beach Island übertragen hatte. Das ursprüngliche Bild war durch das wiederholte Auftreten der neuen Erfahrung mit dem Wort »Insel« völlig ausgelöscht worden. Im Gegensatz dazu beschwört das Wort »Green Park« in mir immer noch das englische Bild herauf, da es in Philadelphia keine entsprechende Anlage gibt.

Wie sich Angstgewohnheiten unterscheiden

Wir sind mittlerweile an einem Punkt angelangt, an dem wir sehen, warum starke Angstgewohnheiten so hartnäckig bestehen bleiben, sobald sie sich einmal etabliert haben. Der Korporal mit der Angst vor den maschinengewehrähnlichen Geräuschen (vgl. S. 27 ff.) wird seine Angst auf unabsehbare Zeit beibehalten, obwohl sich das ursprüngliche Angsterlebnis, von dem alles ausging, nicht wiederholen wird. Was unterscheidet ihn nun von der Ratte, die sich das Hebeldrükken wieder »abgewöhnt«, sobald sie nicht mehr mit Futter belohnt wird? Irgend etwas muß hier für einen wesentlichen Unterschied sorgen. Dieses Etwas ist schon erwähnt worden: Es ist das Zusammentreffen von konkurrierenden Reaktionen. Andere motorische Reaktionen treten in Konkurrenz mit dem unbelohnten Hebeldrücken und schwächen es ab. Neue Erfahrungen mit dem Wort »Insel« traten in Widerstreit mit meiner früheren Assoziation und übertönten sie. Im Fall einer Angstvorstellung *gibt es keine konkurrierende Reaktion*. Der Korporal hört die maschinengewehrähnlichen Geräusche und gerät in Panik. Zu diesem Zeitpunkt ist kein anderes Gefühl in ihm, das der Angst entgegentreten könnte.

Um eine Angstgewohnheit abzuschwächen, muß folglich eine konkurrierende Reaktion gleichzeitig auftreten. Glücklicherweise geschieht dies im Leben relativ häufig, was zur Folge hat, daß eine große Anzahl sinnloser Ängste ohne formale Behandlung verschwinden. Als mein ältester Sohn drei Jahre alt war, begann er bei Donner große Angst zu zeigen; er schrie und zitterte jedesmal, wenn ein Gewitter aufzog. Zur damaligen Zeit lebten wir in Johannesburg, wo Gewitter im Sommer recht häufig auftreten. Über einen Zeitraum von mehreren Wochen wuchs seine Angst beständig. Meine Frau »behandelte« ihn damals auf ihre Art und Weise. Sobald sich ein Gewitter ankündigte, nahm sie ihn auf den Arm, wiegte ihn sanft hin und her und sang ihm ein selbst ausgedachtes Lied vor: »Lausche dem lieben Donner, er bringt uns schönen Regen ...« Nach vier oder fünf Gewittern schmolz seine Angst dahin, und es war nicht einmal mehr nötig, ihn in die Arme zu nehmen.

Zahllose Mütter reduzieren auf ähnliche Art und Weise die Ängste ihrer Kinder durch Schmusen und Beruhigen. Während des Zweiten Weltkrieges stellte sich heraus, daß Kinder, die einen Bombenangriff allein erlebten, sich vor dem Getöse wesentlich mehr fürchteten als Kinder, die bei ihren Eltern waren und von ihnen entsprechend getröstet wurden. Dies ist auch ein Beweis für die Möglichkeit, konkurrierende Empfindungen als Präventivmaßnahme zu verwenden (vgl. Kap. X).

Beispiele zur Abschwächung von Ängsten gibt es auch im Leben eines Erwachsenen. Ein Medizinstudent fand heraus, daß er in der Chirurgie äußerst empfindlich auf den Anblick von Blut und Eingeweiden reagierte. So hielt er sich in einer guten Entfernung vom Operationstisch, wann immer er einer Operation zusah; dies ließ ihn seine unangenehmen Empfindungen leichter ertragen. Gleichzeitig wurde aber auch sein Interesse an der chirurgischen Technik geweckt. Um diese nun besser verfolgen zu können, wagte er sich Tag für Tag ein bißchen näher an den Tisch heran. Nach einigen Tagen war er von dem technischen Geschehen so fasziniert, daß er seine Angst ganz vergessen hatte.

Ein weiteres Beispiel einer unabsichtlich abgeschwächten Angst taucht oft in der Beziehung zwischen Therapeut und Patient auf, die bei den meisten Patienten automatisch Gefühlsreaktionen hervorruft, die im Widerspruch zu ihren Ängsten stehen. Das ist auch der Grund, weswegen *jede* Psychotherapie Erfolg verspricht.

Emotionale Konkurrenz scheint nicht nur zur Beseitigung von Ängsten, sondern auch zur Überwindung gefühlsmäßiger Gewohnheiten notwendig zu sein. Ein einleuchtendes Beispiel ist die fortwährende unerwiderte Liebe. Ein Mann kann monate- oder jahrelang unfähig sein, gefühlsmäßig zu akzeptieren, daß die geliebte Frau ihn ihrerseits nicht mehr liebt; mit anderen Worten: Seine emotionale Gewohnheit bleibt unverändert. Sein Intellekt sagt ihm, daß die Beziehung beendet ist. Aber dieser Gedanke ist nicht imstande, mit seinen Gefühlen zu konkurrieren – folglich bleibt er verliebt und empfindet Trostlosigkeit und Verlustgefühle. Allein gefühlsmäßige Gegenreaktionen können hier das Empfinden ändern.

Der Verhaltenstherapeut setzt Konkurrenzreaktionen in wohlüberlegter Weise zur Überwindung sinnloser Ängste ein. Wie dies in der Praxis aussieht, wird in den nächsten drei Kapiteln beschrieben.

IV.
TIEREXPERIMENTE ZUR LÖSUNG
DES ANGSTPROBLEMS

Studien über schwerwiegende, künstlich ausgelöste Ängste bei Tieren führten zu einem Weg zur Überwindung beharrlicher Angstgewohnheiten. Die Studien enthüllten wichtige Fakten über die Natur sinnloser Ängste; gleichzeitig stieß man über Behandlungsmethoden bei Tieren auf ein Modell zur Angsttherapie bei Menschen.

Die Geschichte beginnt zu Anfang dieses Jahrhunderts, als der russische Wissenschaftler Iwan Petrowitsch Pawlow erstmals über Experimente berichtete, in denen er bei Hunden eine gezielte Angst vor einer kleinen Kammer erzeugte. Im ersten Schritt des Experiments wurde ein Lichtkreis auf einen Wandschirm in der Versuchskammer projiziert, in der das Tier in einem Geschirr angebunden war. Auf die Projektion erfolgte sofort die Futtergabe. Bald begann das Tier bereits beim Anblick des Lichtkreises Reaktionen in Erwartung des Futters zu zeigen, indem es den Freßnapf beäugte, sich auf ihn zuzubewegen versuchte, mit dem Schwanz wedelte und sich die Lefzen leckte. Sobald sich dieses Verhalten fest etabliert hatte, begann Pawlow zwischen die Lichtkreisprojektionen das Bild eines länglichen Ovals einzustreuen. Das Oval wurde allerdings nie von Futtergaben begleitet. Die Wirkung sah folgendermaßen aus: Im Gegensatz zum Futtersignal des Kreises rief das Oval sog. »Antifutterreaktionen« hervor – Reaktionen, die aktiv dem Fütterungsvorgang entgegenwirkten.

Pawlow demonstrierte das Geschehen in der folgenden Art und Weise: Er zählte die Speicheltropfen, die das Tier produzierte, wenn es mit den Formen einzeln oder in Kombination konfrontiert wurde. Der Kreis allein setzte beim Versuchshund erheblichen Speichelfluß – etwa fünfzehn Tropfen – in Gang, das Oval allein bewirkte keinen Speichelfluß. Erschienen Kreis und Oval gleichzeitig, wurden sieben Tropfen gezählt. Dieser Effekt ließ sich nicht etwa darauf zurückführen, daß das Tier durch das gleichzeitige Erscheinen des Ovals abgelenkt wurde. Dies ließ sich dadurch nachweisen, daß beim gleichzeitigen Erscheinen einer anderen Form, z. B. eines schwarzen Quadrates, praktisch keine Verringerung des Speichelsekretes eintrat. Graphisch läßt sich das Vorgehen folgendermaßen darstellen:

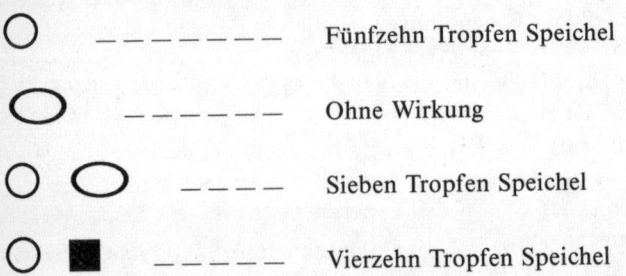

Fünfzehn Tropfen Speichel

Ohne Wirkung

Sieben Tropfen Speichel

Vierzehn Tropfen Speichel

Wie man deutlich sehen kann, bewirkt das Erscheinen des Ovals eine Hemmung der normalen Futterreaktion des Tieres. Ausgehend von dieser positiv/negativen Konditionierung, benutzte Pawlow das Erlernte zur Erzeugung von Konflikten im Tier. Anstelle des ursprünglichen bekannten, länglichen Ovals streute er nun Bilder eines weniger gedehnten Ovals zwischen die Kreisprojektionen. Zunächst begann das Tier bei Anblick den neuen, »runderen« Ovals mit leichtem Speichelfluß zu reagieren. Da diese Form jedoch nie von Futter begleitet war, führte sie schließlich zu demselben Effekt, den das längliche Oval provoziert hatte: Es verhinderte aktiv den Speichelfluß.

Pawlow wiederholte dieselbe Prozedur mit verschiedenen,

immer »runderen« Ovalen. Jedes von ihnen bewirkte letztendlich eine »Antifutterreaktion«. Schließlich bot er ein Oval an, das so rund war, daß es sich kaum von einem Kreis unterschied. Der Hund, der bis zu diesem Zeitpunkt noch imstande gewesen war, zwischen Kreis und Oval zu unterscheiden, war nun nicht mehr fähig, diese Unterscheidung zu vollziehen. Er begann sowohl positiv als auch negativ zu reagieren: Das »runde« Oval rief einen starken Freßimpuls hervor (provoziert durch das Symbol »Kreis«), gleichzeitig aber trat eine starke Antireaktion auf (hervorgerufen durch das Symbol »Oval«). Das Tier geriet – wie Pawlow es bezweckt hatte – in eine Konfliktsituation. Der Konflikt rief seinerseits Angstzustände hervor. Pawlow schrieb hierzu:

> ». . . Das ganze Verhalten des Tieres erfuhr eine abrupte Veränderung. Der einstmals so ruhige Hund begann zu winseln, zu zappeln . . . und in die Schläuche zu beißen, die den Versuchsraum mit dem Beobachtungsraum verbanden, ein Benehmen, das nie zuvor aufgetreten war . . .«*

Die solchermaßen hervorgerufenen Angstgefühle wurden nun mit der Versuchskammer in Verbindung gebracht. Sobald man das Tier in den Versuchsraum brachte, fing es an, wild zu bellen und seiner Qual Ausdruck zu verleihen. Mehr noch, war der Versuchsleiter zu irgendeinem Zeitpunkt, an dem der Konflikt auftrat, anwesend, so übertrug sich die Angstreaktion auch auf ihn. Diese andressierten Ängste stellten sich als überaus beharrlich heraus und hätten das Tier wohl bis an sein Lebensende begleitet, wenn man sie nicht behandelt hätte. Pawlow kreierte für diese solchermaßen induzierten Bedingungen den Terminus »experimentelle Neurose«.

* I. P. Pawlow: *Conditioned Reflexes,* trans. b.G.V. Anrep. New York, Liveright, 1927 (übers. aus dem Englischen, Anm. d. Übers.)

Als ich mit eigenen Versuchen begann, konnte ich bereits von Pawlows Arbeiten wie auch von Dutzenden anderer Studien über experimentelle Neurosen, die innerhalb der Vereinigten Staaten durchgeführt worden waren, profitieren. Hier stellte sich eine Serie von Experimenten, die auf einen Psychiater aus Chicago, Dr. Jules Masserman, zurückgingen, als richtungsweisend heraus. – Masserman hatte Katzen beigebracht, auf einen elektronischen Summton hin zu fressen; jedesmal, wenn die Katze diesen Summton hörte, stürzte sie nach vorne, um den Deckel der Futterbox hochzuheben. Eines Tages versetzte Masserman dem Tier im Moment des Losstürzens einen Elektroschock. Nach einigen Schocks unter ähnlichen Umständen verhielt sich das Tier ängstlich, sobald man es in den Versuchskäfig setzte. (Masserman führte diese Angstzustände auf den Konflikt zwischen Futterreaktion und Schockerlebnis zurück.)

Masserman beschrieb auch die erste erfolgreiche Verhaltenstherapie einer experimentellen Neurose. – Im Innern des Käfigs befand sich eine bewegliche Trennwand. Er gab Futter in den Freßnapf und zwang die Katze mit Hilfe der Trennwand, sich auf den Trog zuzubewegen. Sobald sich die Nase des Tieres über dem Futter befand, pflegte es auch zu fressen, erst mit überstürztem Würgen, dann immer bereitwilliger, während gleichzeitig die Furcht sukzessive nachließ.

Meine Experimente waren nicht mehr als eine Wiederholung dieser Vorgänge – mit vergleichbarem Resultat. Schließlich begann ich sie zu variieren, um herauszufinden, ob der Konflikt zwischen der Freßreaktion und der Schockreaktion letztendlich die kausale Rolle spielte, die Masserman vermutete. Ich fing an, jedem Tier Elektroschocks zu versetzen, bevor es im Versuchskäfig Futter empfangen hatte. Dadurch rief ich im selben Ausmaße Angst vor dem Versuchskäfig hervor, als wenn ich das Tier mit einem Schock beim Fressen gestört hätte. Das bedeutete aber nichts anderes, als daß *der Elektroschock allein für die expe-*

rimentelle Neurose verantwortlich war. (An dieser Stelle ist hervorzuheben, daß in Pawlows Experimenten mit Kreisen und Ovalen tatsächlich der *Konflikt* der wahre und alleinige Ursprung der Angstreaktionen war.)

Dies war ein Schlüsselerlebnis, denn es zeigte, daß die experimentelle Neurose keinesfalls ausschließlich durch Konflikte hervorgerufen wird. Mit dieser neuen Information wandte ich mein Augenmerk vor allem auf Behandlungstechniken. Da augenscheinlich der Freßakt irgendwie mit der Schwächung der Angstvorstellungen verknüpft schien, beschloß ich, vornehmlich die Beziehungen zwischen Nahrungsaufnahme und Angst quantitativ zu erforschen.

Ich hatte bei meinen Katzen (in Anlehnung an Masserman) Angstneurosen durch Elektroschocks erzielt. Wie Masserman benutzte ich Hochspannung in Kombination mit Schwachstrom, was eine sehr schmerzvolle Wirkung erzielt, aber ohne physische Folgen für das Versuchstier bleibt. Der Versuchskäfig befand sich in einem Raum, in dem eine dunkle Laboreinrichtung dominierte. Sobald das Tier einmal auf Angstneurose »getrimmt« worden war, zeigte es überall im Raum Angst, obwohl diese im Versuchskäfig selbst weniger stark ausgeprägt erschien. In anderen Räumen verhielt es sich ähnlich angsterfüllt, und zwar in einem Grad, der der Ähnlichkeit des jeweiligen Raumes zum Versuchsraum entsprach – hier finden wir wiederum ein weiteres Beispiel der »Generalisierung«. In den Ställen, die sich auf dem Dachboden des Instituts befanden, konnten wir keine wie immer geartete Angstreaktion feststellen.

Ein besonders charakteristischer Zug der Neurose war die absolute Weigerung des Versuchstieres, innerhalb des Versuchsraumes zu fressen. Selbst nach 48stündigem Fasten verweigerte es das Fressen, selbst wenn ihm dieses unter die Nase gehalten wurde. Aufgrund dieser Beobachtung zog ich folgende Schlußfolgerung: Wenn Angst imstande ist, ein Tier vom Fressen abzuhalten, dann bedeutet dies nichts anderes, als daß *die Angst stärker ist als der Freßtrieb eines seit*

48 Stunden hungernden Tieres. Die Schlußfolgerung liegt eigentlich auf der Hand: Wenn beide Kräfte gegeneinander ausgespielt und ins Gegenteil verkehrt werden, d. h., wenn der Freßtrieb stärker wird als das Angstgefühl, dann wird das Tier fressen – und *die Angst erfährt durch den Freßvorgang eine Hemmung.* In der Folge – so hoffte ich – würde auch die Angstgewohnheit als solche eine Abschwächung erfahren.

Um dies auszuprobieren, begann ich mit verschiedenen Räumen, auf die sich die Angst des Versuchstieres übertragen hatte. Da sich die Angst am geringsten in Räumen erwies, die dem Versuchsraum am wenigsten ähnelten, begann ich mit diesen. Einer dieser Räume war ein weiträumiges, helles Atelier mit weißgetünchten Wänden und großzügig geschnittenen Fenstern – überaus verschieden vom Versuchsraum mit seiner schweren, dunklen Einrichtung. – In diesem Raum bot ich einem hungrigen Versuchstier Futter an. Zuerst fraß es zögernd, dann immer bereitwilliger, bis es schließlich nach etwa zwanzig Bissen Fleisch aktiv auf Futtersuche ging. Am nächsten Versuchstag nahm es bereits etwas Nahrung in einem anderen, dem Versuchsraum schon etwas ähnlicheren Raum zu sich, wo es zuvor das Fressen verweigert hatte. Auch hier wurde beobachtet, daß das steigende Angebot von Fleischbrocken die Freßlust mehr und mehr erhöhte. Schließlich fraß das Tier sogar auf dem Boden des einst so gefürchteten Versuchsraumes sowie im Versuchskäfig selbst – es war jedoch eine Menge Geduld (und ein großes Futterangebot) notwendig, um endgültig die Angst vor dem Versuchsraum zum Verschwinden zu bringen. (Gewöhnlich benötigten wir etwa 200 Bissen Fleisch, über mehrere Tage verabreicht.)

Was diese Experimente zeigten, war nichts anderes als die Tatsache, daß *es durchaus möglich ist, eine Angstgewohnheit zu überwinden, indem man gleichzeitig dem Versuchstier nach und nach die Angst nimmt und seine Furcht mit gesteigertem Futterangebot bekämpft.* Indem man die Konfrontation mit der Angst in winzigen Schritten steigert (von Raum zu Raum), gelingt es, eine ursprünglich panikauslösende Situation sukzessive zu mildern. Hier ist ganz offensichtlich eine wechselseitige Inhibition im Spiel: Wenn die Angst der stärkere Impuls ist, frißt das Tier nicht; wenn der Hunger überwiegt, erfährt die Angst eine Abschwächung.

Während der vorhergehenden Jahre hatte ich mich ohne größeren Erfolg der Narcoanalyse bedient, um ehemalige Soldaten von ihren Kriegsneurosen zu befreien. Im Gegensatz zu den durchaus erfolgreich ausgehenden Tierexperimenten konnte ich hier die menschlichen Ängste nicht überwinden. Ich wußte einfach nicht, wie ich in diesen Fällen die Therapie der reziproken Hemmung mit Erfolg anwenden sollte. Da ich bereits erfahren hatte, daß kindliche Ängste durch Füttern als konkurrierende Reaktion erfolgreich überwunden werden konnten, war es zunächst selbstverständlich, dies auch auf Ängste bei Erwachsenen auszudehnen. Sämtliche Versuche schlugen fehl. Bislang wissen wir noch nichts über den Prozeß, der im Laufe der menschlichen Entwicklung bewirkt, daß die Nahrungsaufnahme ihren emotionellen Stellenwert verliert, der Kinder noch befähigt, sich über ihre Ängste hinwegzusetzen.

Die ersten »Gegenreaktionen«, die ich mit Erfolg bei der Bekämpfung von Ängsten bei Erwachsenen anwendete, waren Zorn und Ärger. Etwa ein Jahr später entdeckte ich die Technik der »aktiven Entspannung« nach E. Jacobson, und ich sah bald, daß die herbeigeführte Ruhestimmung durchaus geeignet sein konnte, mit Angstzuständen zu konkurrieren. Zunächst ging ich strikt nach Jacobson vor, indem ich versuchte, meine Patienten durch ständiges Training zu befähigen, sich selbst ruhigzustellen und ihre eigene Erregung – wann immer sie auftreten mochte – zu bekämpfen. Bei den meisten Menschen stellte sich dies jedoch als ungemein schwierig heraus, da die Erregungsstärke in diesen Situationen nicht kontrollierbar war. So versuchte ich zunächst, meine Patienten in tiefer Entspannung mit schwächeren

Störfaktoren zu konfrontieren, die ich nicht realiter präsentierte, sondern in ihre Vorstellung zu projizieren suchte. Bei den ersten Versuchspersonen begann ich mit einer Szene pro Sitzung. Ich ließ mich hierbei von gewissen Vorsichtsmaßnahmen nach Pawlow leiten. Dabei ging ich von folgender Vorstellung aus: Wenn sich ein Patient nach der ersten Konfrontation mit »seiner« Szene noch in Angst befindet, so wird eine weitere, anschließende Konfrontation den Effekt haben, daß die von der vorigen Szene »übriggelassene« Angst sich mit der neuen Angst kombiniert, was letztendlich zu einer Steigerung des gesamten Angstniveaus führen könnte – dies ganz im Gegensatz zum Vorhaben der Entspannung.

Eines Tages änderte sich die Sachlage. Während ich gerade einen Patienten desensibilisierte, stellte ich fest, daß er, je mehr ihn seine Vorstellungskraft in Angstzustände versetzte, in zunehmendem Maße Zeigefinger und Mittelfinger abspreizte. Nachdem ich ihm das erste Mal sein Angstobjekt vor Augen gerufen hatte und sämtliche begleitenden Handbewegungen notiert hatte, ließ ich ihn voller Spannung die Szene ein zweites Mal erleben. Das Spreizen der Finger hatte nachgelassen! Dies war eine aufwühlende Erfahrung – und der wahre Ursprung der Desensibilisierung, denn es bedeutete nichts anderes, als daß es durchaus von Vorteil war, mehr als eine Szene pro Sitzung erleben zu lassen. Wenn eine Szene, die schwache Erregung bei der Versuchsperson hervorrief, wiederholt präsentiert wurde, so riefen sukzessive Wiederholungen immer weniger Erregung hervor, bis schließlich vom ursprünglichen Angstzustand nichts mehr übrig war.

V.
SYSTEMATISCHE
DESENSIBILISIERUNG

Die meisten Techniken der Verhaltenstherapie zur Heilung sinnloser Ängste folgen den Richtlinien der Behandlung von experimentellen Neurosen, wie sie im vorangegangenen Kapitel beschrieben wurden. Dies tritt besonders klar in der am meisten verbreiteten Methodik, der systematischen Desensibilisierung, hervor; zuvor gab es eine andere Methode, die der geschilderten Technik noch mehr entsprach.

Eine frühe Methode

Bis vor ungefähr sechzig Jahren gab es keine wissenschaftlichen Richtlinien zur Behandlung sinnloser Ängste. Etwa 1920 wurde Dr. John B. Watson, der Begründer des Behaviorismus, durch vorhergehende Lernexperimente in der Annahme bestärkt, daß bestimmte, erprobte Vorgehensweisen durchaus Erfolg auf diesem Gebiet versprachen. Eine davon stellte die Kopplung des Angstzustandes mit Reaktionen, die mit der Angst selbst unvereinbar sind, dar. Einige Jahre später wandte eine ehemalige Studentin von Dr. Watson, die Psychologin Dr. Mary Cover Jones, die Methodik bei der Behandlung von Ängsten bei Kindern an – und erzielte damit erstaunliche Erfolge. In einer schon klassischen Publikation aus dem Jahre 1924 berichtet sie über die Behandlung des dreijährigen Peter, der große Angst vor Kaninchen hatte, die sich in geringerem Ausmaß auch auf den Anblick von Pelzmänteln, Federn und Baumwolle erstreckte.

Das Kind wurde in einem hohen Kinderstuhl am Ende eines langen Raumes untergebracht und bekam seine Lieblingssüßigkeiten vorgesetzt. Während es völlig mit Naschen beschäftigt war, brachte eine Mitarbeiterin ein Kaninchen durch eine Tür am anderen Ende des Raumes und bewegte sich langsam auf Peter zu, bis dieser aufhörte zu essen. Dann bewegte sie sich langsam rückwärts, bis sich das Kaninchen in einer Entfernung befand, in der das Kind sich nicht mehr beim Essen stören ließ. Nach einer Weile konnte das Kaninchen schon etwas näher herangebracht werden, ohne daß sich Peter so weit aufregte, daß er seine Süßigkeiten vergaß. Nach zwei Monaten intensiver Sitzungen schaffte es Peter, das Kaninchen immer näher kommen zu lassen, ohne daß er aufhörte zu essen. Gelegentlich konnte er das Tier sogar auf seinem Schoß ertragen, ohne irgendein Zeichen von Erregung zu zeigen. Dr. Jones bemerkte gleichzeitig, daß auch die Angst vor Baumwolle, Pelzen und Federn eine Schwächung erfahren hatte. Wenn Peter mit diesen Objekten konfrontiert wurde, betrachtete er sie, faßte sie an und wandte sich dann anderen Dingen zu, die ihn mehr interessierten. Die Objekte hatten nur insofern furchterregende Züge besessen, als sie in verschiedenem Ausmaße dem Kaninchenfell ähnelten – ein weiteres Beispiel von Generalisierung.

Bei ihrer letzten Sitzung mit Peter wollte Dr. Jones einmal ausprobieren, was geschehen würde, wenn man das Kind mit einem ganz anderen Tier konfrontierte. Die Fragestellung lautete hierbei, ob die Angstvorstellungen nicht auch mit anderen Tieren zusammenhingen, die keine typischen Kaninchenzüge aufwiesen. Entsprechend setzte sie ihm also sowohl eine Maus als auch ein Knäuel sich windender Regenwürmer vor. Zuerst zeigte er leichte Unsicherheit und zog sich etwas zurück, nach einer Weile aber schleppte er schon die Würmer mit sich herum und beobachtete das Mäuschen mit wachsender Neugierde. – Folglich war es also das dichte Fell allein, das die Rolle des Angstauslösers übernommen hatte. Wie man deutlich sehen kann, unterscheidet sich Dr. Jones' »Fütterungsmethode« kaum von den Behandlungsmethoden der experimentellen Neurose, wie wir sie in Kap. IV kennengelernt haben. In letzter Zeit ist diese Methode bei der Behandlung kindlicher Ängste oft zur Anwendung gekommen, aber – wie zuvor bemerkt – bei Erwachsenen läßt sich damit kein positives Resultat erzielen.

Die Publikation ihrer Arbeit 1924 erregte wenig Aufsehen. (Als ich Dr. Jones 1956 in Berkeley traf, erzählte sie mir, daß sie bislang nur drei Anfragen bezüglich eines Nachdrucks erhalten habe und davon so sehr enttäuscht gewesen sei, daß sie sich anderen Forschungsbereichen zugewandt habe.) – Nichtsdestoweniger lernte ich ihre Arbeit bei meinen eigenen Experimenten sehr schätzen; sie ermutigte mich, meine Behandlungsmethoden tierischer Neurosen auch bei menschlichen Ängsten anzuwenden.

Die Technik
der systematischen Desensibilisierung

Die systematische Desensibilisierung ist die gebräuchlichste Methode der Verhaltenstherapie. Dabei bezieht sich der Begriff »Desensibilisierung« auf das, was im Patienten hervorgerufen wird, nämlich eine immer geringer werdende Empfindlichkeit gegenüber den Objekten oder Situationen, die bei ihm angstauslösend wirken. »Systematisch« bedeutet hierbei, daß der Therapeut nur dann einen Schritt weitergeht, wenn auf der vorherigen Stufe wirklich keinerlei Angst mehr empfunden wird. Auf diese Weise wendet er eine Methode an, die ihm die einzelnen Therapiestufen genau vorschreibt. Eine andere, weniger technisch klingende Bezeichnung für dieses Vorgehen wäre »stufenweise Beruhigung«. Diese Methode ist direkt aus der oben beschriebenen »Fütterungsmethode« ableitbar, die das Problem der experimentellen Neurose bewältigte. Wie diese besteht sie darin, den

Patienten mit einer kleinen Dosis des Angstauslösers zu konfrontieren, und zwar in einer Phase, in der er sich in einem Zustand völliger emotionaler Ruhe befindet. Die Entspannung, die hier an die Stelle des »Fütterns« tritt, konkurriert im Moment der Konfrontation mit dem Angstgefühl. Mit dem Ruhezustand stellt sich im allgemeinen eine tiefe Muskelentspannung ein; das angstauslösende Objekt wird lediglich in der *Vorstellung* des Patienten widergespiegelt. Dadurch ist es dem Therapeuten möglich, eine fast unbegrenzte Skala von Objekten und Situationen anzubieten. Gleichzeitig ist er imstande, Anfang und Ende jeder Reizdarbietung genauestens zu kontrollieren.

Das Kernstück dieses Vorgehens ist es, den völlig ruhiggestellten Patienten dazu zu bringen, sich – jeweils für ein paar Sekunden – ein in geringfügigem Maße angstauslösendes Bild vor Augen zu rufen. Mit jeder Wiederholung der Prozedur wird das Angstniveau kleiner, bis es schließlich gegen Null geht. Dann werden Bilder visualisiert, die in größerem Maße angsterweckend wirken, und ebenso behandelt, bis schließlich selbst die fürchterlichste Vorstellung ihre Macht über den Patienten verliert.

Im folgenden wollen wir uns eine detaillierte Aufstellung anschauen – zunächst von den Vorbereitungen, die bei einer systematischen Desensibilisierung zu treffen sind, dann von der Vorgehensweise selbst.

Wie man Angst messen kann

Die Alltagssprache erweist sich als nicht sonderlich geeignet, wenn es darum geht, den Grad an Angst zu beschreiben, den eine Person durchlebt. Auf die Frage: »Wieviel Angst empfinden Sie jetzt?« werden die meisten Leute schlicht und einfach mit: »Na, eine ganze Menge!« antworten. Immerhin können Aufzeichnungen von Pulsschlag, Blutdruck sowie Hautwiderstandsänderungen mittels eines Polygraphen Unterschiede der Erregungsstärke aufzeigen.

Da jedoch noch lange nicht jeder Therapeut einen Polygraphen zur Verfügung hat und es ohnehin recht umständlich ist, sich während der Therapie eines solchen zu bedienen, ist es in jedem Fall von Vorteil, eine andere Methode zur Messung der Angstgefühle des Patienten anzuwenden. So besteht z. B. eine Standardmethode innerhalb der Verhaltenstherapie darin, etwas aufzulisten, was man mit dem Fachterminus »subjektive Angstskala« beschreiben könnte.

Der Denkanstoß zur Aufstellung einer solchen Angstskala wird dem Patienten folgendermaßen gegeben: »Denken Sie jetzt an das größte Angsterlebnis, das Sie jemals hatten oder sich auch nur vorstellen können, und bezeichnen Sie dies mit der Zahl 100 – hier haben wir Ihr Angstmaximum. Dann stellen Sie sich vor, Sie seien völlig entspannt – hier liegt das Nullniveau. Zu jedem bewußt erlebten Zeitpunkt muß sich Ihr Angstpegel also irgendwo zwischen 0 und 100 befinden. Wo befindet er sich in diesem Moment?« Wie auch immer die Antwort ausfallen mag, ob 0, 35 oder 80, die Aufstellung wird fortgesetzt: »Sie sind nun ebenso imstande, aufgrund dieser Skala genau anzugeben, um wieviel sich Ihr Angstpegel bei ganz besonderen, von Ihnen gefürchteten Situationen anheben wird.« Mit etwas Übung sind die meisten Patienten bald in der Lage, ihre Angststärke sicher und präzise einzuteilen. Später wird die Skala benutzt, um einer Person die Möglichkeit zu geben, das Ausmaß ihrer Angstreaktionen während der folgenden Sitzungen genau angeben zu können. Eine Auflistung von Angstgraden, die die jeweilige Person mit den verschiedenen Stufen der Skala gleichzusetzen lernt, sieht etwa folgendermaßen aus:

0	Keinerlei Angstgefühle, völlige Entspannung
1–10	Sehr schwache Angstgefühle
10–20	Leichte Erregung
20–40	Mittelstarke Erregung, ausgesprochenes Unbehagen
40–60	Starker Erregungszustand, Qual

| 60-80 | Sehr starker Erregungszustand, Gefühl des Nicht-ertragen-Könnens |
| 80-100 | Klimax, unerträgliche Angstgefühle, Panik |

Die Hierarchie der Angstursachen

Im folgenden erforscht der Therapeut zusammen mit dem Patienten ein weites Feld von vertrauten Situationen, die angstauslösend wirken, und bringt den Patienten dazu, sie entsprechend in die Liste einzureihen. Da es unterschiedliche Kategorien angstauslösender Situationen gibt, wird es folglich auch verschiedene Listen geben. So mag eine – hier willkürlich herausgegriffene – Person z. B. drei verschiedene Listen aufweisen: von fremden Plätzen, Blamagen und Höhenängsten. In Zusammenarbeit mit dem Therapeuten werden jetzt die einzelnen Punkte jeder Liste gemäß dem Grad an Angst, den sie hervorrufen, eingeordnet. Die Rangliste stellt eine Hierarchie von Angstursachen dar. – Als Beispiel nehmen wir uns einmal die Höhenangst vor: Der Patient mag leichte Angst verspüren, wenn er im zweiten Stock aus dem Fenster schaut; die Angst wird sich proportional zur Höhe steigern. Die aufgelisteten Höhenstufen, die mit entsprechendem »Angstzuwachs« einhergehen, bilden gewissermaßen eine Höhenhierarchie. Die zahlenmäßig erfaßbaren Höhenstufen, die die Angst in gleichem Maße ansteigen lassen, können von Fall zu Fall variieren. Eine typische Sequenz sieht etwa folgendermaßen aus: 2. Stock – 3. Stock – 5. Stock – 7. Stock – 10. Stock – 13. Stock – 16. Stock – 20. Stock – 25. Stock – 30. Stock – 40. Stock. Wie man sieht, bedarf es bei zunehmender Höhe immer größerer Abstände, um das Ausmaß an erlebter Angst noch zu steigern.

Listen, die aufgrund von Höhenängsten aufgestellt werden, sind gewöhnlich relativ einfach, da sie sich nur auf eine einzige Dimension – die Höhe – beziehen. Bei vielen anderen Phobien ist das ähnlich, wie etwa bei Klaustrophobie, Dunkelangst sowie der Angst vor Tieren. Die Angst vor

Spinnen beispielsweise läßt sich am Abstand zum Tier messen, Dunkelangst am Grad der herrschenden Dunkelheit.

Trotzdem variieren Ängste meist in mehr als einer Dimension, selbst »einfache« Phobien. Die Angst vor Spinnen kann nicht allein von der Nähe des Tieres abhängen, sondern ebenso von anderen Eigenschaften, wie Größe und Farbe des Tieres oder die Art seiner Bewegungen.

In vielen Fällen gestalten sich die Angstquellen derart komplex, daß man sie kaum in einzelnen Dimensionen erfassen kann. Die Hierarchie wird hier nicht durch äußerlich meßbare Charakteristika bestimmt, sondern allein durch das spezielle Gefühl, das eine bestimmte Situation im Patienten hervorruft. So mag rein äußerlich zwischen einem zu eng sitzenden Fingerring und einem Fahrstuhl kein sonderlicher Zusammenhang bestehen, wenn jedoch beide das gleiche Gefühl von Beengung hervorrufen, werden sie in dieselbe Hierarchie eingestuft. Das Gefühl des Beengtseins wirkt als Angstauslöser; die entsprechenden Situationen werden also gemäß dem Grad eingeordnet, in dem sie dieses Gefühl erwecken.

Im folgenden stellen wir drei Beispiele solcher Hierarchien vor. Die eingeklammerten Zahlen geben jeweils den entsprechenden Angstpegel an (s. o.). Es ist zu beachten, daß die einzelnen Punkte in absteigender Reihenfolge aufgeführt werden, was bedeutet, daß die Behandlung am Ende jeder Liste ansetzen sollte.

Übertriebene Minderwertigkeitsgefühle

1. Spöttische Bemerkungen des Ehepartners (85)
2. Spöttische Bemerkungen von Freunden (75)
3. Ausgesprochene Ironie von Ehepartner oder Freunden (70)
4. Nörgelei über Unzulänglichkeiten (60)
5. Im Gespräch ignoriert werden (40–50)
6. Zu einer Mitarbeiterparty nicht eingeladen werden (35)

7. Von einer Gruppenveranstaltung ausgeschlossen werden (25)
8. Zur Party eines Bekannten nicht eingeladen werden (15)
9. Das Gefühl, gönnerhaft behandelt zu werden (5)

Todesängste

1. Der Anblick einer Leiche im Sarg (100)
2. Teilnahme an einer Beerdigung (90)
3. Einer Beerdigung aus der Ferne zusehen (80)
4. Lesen der Todesanzeige eines Jugendlichen, der einem Herzanfall zum Opfer fiel (70)
5. Dicht an einem Friedhof vorbeifahren (je näher, desto schlimmer) (55–65)
6. Einer Trauerfeier zusehen (40–55)
7. An einem Bestattungsinstitut vorbeifahren (je näher, desto schlimmer) (30–40)
8. Lesen der Todesanzeige eines alten Menschen (25)
9. Aufenthalt in einem Krankenhaus (20)
10. Der Anblick eines Krankenhauses (10)
11. Der Anblick eines Krankenwagens (5)

Die Angst vor Krankheitssymptomen

1. Jagender Herzschlag (90)
2. Stechende Schmerzen in Brust und Unterleib (80)
3. Stechende Schmerzen in linker Schulter und Rücken (70)
4. Heftiger Kopfschmerz (55)
5. Ohrensausen (45)
6. Händezittern (35)
7. Taubheit oder Schmerz in den Fingerspitzen (25)
8. Kurzatmigkeit nach einer Anstrengung (20)
9. Schmerzen in der linken Hand (von einer alten Verletzung) (10)

Der praktische Grund für die Aufstellung solcher Hierarchien liegt darin, daß sie den Therapeuten befähigen, mit kleineren »Angsteinheiten« umgehen zu können. Es ist hierbei sehr wichtig, relativ einheitliche Abstände zwischen aufeinanderfolgenden Stufen einzuhalten. Gewöhnlich liegt der Abstand bei zehn Punkten. Man kann dies mit dem Entwurf eines Treppenhauses vergleichen: Die Stufen müssen gleichmäßig zu besteigen sein! Wenn zwischen zwei Absätzen eine zu große Lücke klafft, wird es schwierig sein, sie zu begehen. Andererseits wird die Länge des Treppenhauses stark in die Horizontale ausgedehnt, wenn die Abstände zweier Stufen zu niedrig sind, um überhaupt eine nennenswerte Höhe zu erreichen.

In jedem Falle bietet sich eine Einteilung in etwa zehn Stufen an; einige Hierarchien erfordern allerdings eine etwas umfangreichere Aufgliederung.

Tiefe Muskelentspannung

Ebenso wie bei der Behandlung tierischer Neurosen erfordert die Bewältigung menschlicher Angstgewohnheiten eine »Gegenreaktion«, die mit der Angst konkurriert. Während bei der Katze die Freßgier in Konkurrenz zur Angst trat, ist es bei der systematischen Desensibilisierung die völlige Ruhigstellung des Patienten, die durch einen Zustand tiefer Muskelentspannung eingeleitet wird.

Tiefe Muskelentspannung bewirkt physiologische und emotionale Effekte, die einen Gegenpol zum Erregungsphänomen darstellen. Der Pulsschlag beruhigt sich, der Blutdruck sinkt, der Atem kommt in tiefen und regelmäßigen Zügen, der Stoffwechsel verlangsamt sich, die Aktivität der Schweißdrüsen wird herabgesetzt. Gleichzeitig tritt eine tiefe Gemütsruhe ein; wird diese einem – niedrigen – Angstniveau ausgesetzt, so wird sie dem Erregungszustand entgegenwirken.

Tiefe Entspannung – der Fachterminus lautet »Relaxation« – unterscheidet sich deutlich von dem, was wir normalerweise unter »Entspannen« verstehen. Eine angenehme Lektüre, Angeln, ein beschaulicher Nachmittag, Federball auf dem Rasen, das alles sind Aktivitäten im Sinne von erholsamer Entspannung. Voraussetzung der systematischen Desensibilisierung sind jedoch *aktive* Entspannungsübungen. Dies bedeutet gründliche Relaxation, die sich in einem wesentlich höheren Maße auf die Muskulatur auswirkt als die oben aufgeführten »Erholungsaktivitäten«. Der Patient lernt, die Muskeln verschiedener Körperregionen einzeln anzusprechen: Gesicht, Stirn, Kinnladen, Zunge, Augen, Nacken, Schultern, Arme, Rücken, Unterleib, Hüften, Schenkel und Füße. Sobald er sich auf einen einzelnen Muskel konzentriert hat, lernt er, diesen zu entspannen. (Die Lokalisierung des Muskels erfährt er über entsprechende Anspannungs-/Entspannungsübungen.) Diesen Muskel entspannt er nun bis zu einem Punkt, den er selbst als »völlig ruhiggestellt« empfindet. Gerade die *aktive Muskelentspannung,* über den Punkt der normalen Ruhestellung des Muskels hinaus, bewirkt die erwünschten physiologischen »Antiangsteffekte«. Der Pulsschlag verlangsamt sich, die Handflächen werden trocken etc. Wie bei jeder anderen Geschicklichkeitsübung fällt das Entspannen von Mal zu Mal leichter. Der Patient lernt die individuellen Gefühle kennen, die mit der Körperrelaxation einhergehen, wie Wärme- oder Schweregefühle oder das Gefühl eines angenehmen Prickelns.

Personen, die von sich aus über eine außergewöhnliche Muskelbeherrschung verfügen, wie etwa Athleten oder Tänzer, sind im allgemeinen auch gute »Entspannungskünstler«. Dennoch ist es nicht erforderlich, derartige sportliche Voraussetzungen aufzuweisen: Jedermann kann die Technik der aktiven Entspannung erlernen und in der Praxis verbessern.

Der Vorgang der Desensibilisierung

Sind die Hierarchien entwickelt worden und hat der Patient die Technik der aktiven Entspannung erlernt, können wir mit der systematischen Desensibilisierung beginnen. Der sitzende oder liegende Patient wird aufgefordert, die Augen zu schließen. Der Therapeut bittet ihn, sich auf die mittlerweile wohlvertraute Art und Weise zu entspannen. Hierbei kann der Therapeut den Patienten »dirigieren«, indem er dessen Aufmerksamkeit sukzessive von einem Muskel zum nächsten lenkt – gewöhnlich bei der Kopfregion beginnend.

Nach wenigen Minuten kann der Therapeut den Angstpegel feststellen, liegt er bei 0, fordert er den Patienten auf, sich für einige Sekunden lang in das »schwächste« Angstbild seiner Hierarchie zu versetzen. Dabei wird der Patient gewöhnlich leicht unruhig. Bei fortwährenden Vorstellungen nimmt die Erregung allmählich ab, bis – gewöhnlich nach drei oder vier solcher Szenen – kein Angstgefühl mehr auftritt. Dann geht man in der Hierarchie eine Stufe weiter. Nach mehreren Sitzungen wird selbst die höchste Stufe ihren angstauslösenden Charakter vollkommen verloren haben. Allgemein gilt: Zwischen der Reduktion des Angstgefühls in eingebildeten Situationen und den entsprechenden realen Situationen besteht ein enger Zusammenhang.

Zur Verdeutlichung betrachten wir noch einmal die Hierarchie der Todesängste (vgl. S. 70 f.). Die tiefste Stufe auf der Skala – der Anblick eines Krankenwagens – war zunächst mit fünf Angsteinheiten beurteilt worden. Bei der *Vorstellung* eines Krankenwagens im Zustand tiefster Muskelentspannung trat bereits teilweise eine Hemmung auf – der Patient empfand nur noch zwei Angsteinheiten. Bei erneuter Erinnerung einige Minuten später – immer noch tief entspannt – sank der Angstpegel auf 0. Die Szene war nicht mehr imstande, Angst auszulösen.

Zu diesem Zeitpunkt ereignete sich etwas sehr Interessantes. Sobald der Angstpegel bei der schwächsten Szene (Anblick eines Krankenwagens) auf 0 gesunken war, etablierte sich die zweitschwächste Szene (Anblick eines Krankenhauses) auf der Stufe von fünf Angsteinheiten (anstelle von ursprünglich zehn). Auf diese Weise war das Angstniveau bereits so schwach, daß es durch die entgegengesetzt arbeitende Entspannung des Patienten weiter herabgesetzt werden konnte. Im folgenden konnte die Skala Schritt für Schritt bezwungen werden, bis schließlich die erschreckendste Situation – der Anblick einer Leiche im Sarg – nur mehr fünf oder zehn Angsteinheiten provozieren konnte. Auch diese ließen sich überwinden – das gesamte Angstsystem war aufgelöst worden.

Um wirklich effektiv zu sein, muß das Verfahren zum richtigen Zeitpunkt die Situationen hervorrufen und zusammenbringen, die einen Wechsel bewirken können. Im weiteren muß die Einbildungskraft des Patienten ein derart realistisches Bild der Szene hervorrufen, daß er wirkliche Angstreaktionen zeigt. Manche Leute vermögen dies in solchem Ausmaße, daß sie auf ihre eigenen Vorstellungen genauso stark ansprechen wie auf die reale Situation. Wenn das echte Erlebnis angstauslösend wirkt, dann wird die durch Vorstellungskraft heraufbeschworene Szene gleichfalls Angst erwecken. (Selbst im Büro des Therapeuten fangen Patienten allein bei der Nacherzählung durchlebter Ängste an zu zittern.)

Die Anwendung im Einzelfall (Beispiele)

Sehen wir uns dazu einmal den Einsatz der systematischen Desensibilisierung bei der Behandlung eines recht verbreiteten Problems an. Leonard, 31 J., Vertreter, reagierte überempfindlich auf jede Art von Zurückweisung. Die einzelnen Punkte seiner Angstskala wurden wie üblich in absteigender Ordnung aufgestellt. Die Wertungen sind in Klammern aufgeführt.

1. Er entschuldigt sich bei einem Freund für einen ihm unterlaufenen Schnitzer; seine Entschuldigung wird nicht akzeptiert (80)
2. Seine Einladung an einen Freund zum Abendessen oder Kneipenbummel wird abgelehnt (70)
3. Er redet auf einen Kollegen ein, der ihm nicht zuzuhören scheint (60)
4. Ein ihm wichtiges Projekt wird von Kollegen kritisiert (50)
5. Er wird von gesellschaftlichen Unternehmungen ausgeschlossen (40)
6. Ein Kollege redet ihn vor anderen mit schärferer Stimme als üblich an (30)
7. Niemand erinnert sich an seinen Geburtstag (25)
8. Er grüßt einen Bekannten auf der Straße und wird übersehen (15)

Nach Aufstellung seiner Hierarchie erläuterte ich Leonard: »Während Sie die Augen geschlossen halten, werde ich Sie darum bitten, sich eine Reihe von Szenen zu vergegenwärtigen. Sie werden sie sich sehr klar vorstellen. Wenn Sie das von mir angegebene Bild genau vor Ihrem geistigen Auge haben, heben Sie den linken Zeigefinger etwas an.«

Ich begann wie gewohnt mit dem schwächsten Punkt auf der Liste, Nr. 8, und zwar mit folgenden Worten: »Es ist ein freundlicher Montagmorgen, Sie gehen durch die Straßen und begegnen einem Mann, den Sie am vergangenen Wochenende auf einer Party kennengelernt haben. Sie lächeln ihm einen Gruß zu – er sieht einfach durch Sie hindurch.« – Sobald sich Leonards Finger hob, ließ ich etwa fünf Sekunden verstreichen, unterbrach dann und fragte ihn, wie hoch sich sein Angstpegel während seiner Vorstellung gehoben hatte. Die Antwort lautete: »Fünfzehn Einheiten.« Nach einer zweiten Vorstellung (nach einer zwischengeschalteten Ruheperiode) stieg der Angstpegel nur noch auf acht, beim dritten Male waren es nur noch drei Einheiten, das vierte

Mal null. Dann schritt ich zur nächsten Stufe – Nr. 7 – weiter: »Es ist fünf Uhr nachmittags und Ihr Geburtstag. Weder Ihre Frau noch Ihre engsten Freunde haben sich daran erinnert.« – Dies wurde wie die erste Szene mehrmals wiederholt. Hier hatte ich eine bestimmte Uhrzeit angegeben (fünf Uhr nachmittags), denn in dieser Situation erhöhte sich das Angstgefühl mit fortschreitender Zeit. (Es nahm ebenso mit zunehmender Zahl der vergeßlichen Freunde zu.) – Nach einiger Zeit konnte Leonard selbst die stärkste Szene ohne Erregung geistig konfrontieren.

Dies blieb nicht allein auf eingebildete Situationen beschränkt, sondern wurde gleichzeitig auf die entsprechenden realen Situationen übertragen. Das Phänomen befindet sich völlig in Übereinstimmung mit psychologischen Untersuchungen, die herausgefunden haben, daß sich Reaktionen auf wirkliche und eingebildete Situationen, Geräusche etc., miteinander im Einklang befinden. Gleichfalls bewirkte das Phänomen der Generalisierung (vgl. Kap. III), daß sich die Angstbewältigung auch auf alle gesellschaftlichen Situationen erstreckte, die von der speziellen Liste nicht erfaßt worden waren. Hier gilt: Ist die Hierarchie geschickt zusammengestellt worden, so daß die herausgegriffenen Szenen das Problem adäquat beschreiben, so wird der Patient schließlich *jeder* Art von Zurückweisung mit Fassung begegnen können.

Beispiele für systematische Desensibilisierung:

Frank, 23 J., Straßenbahnfahrer, betrat den Behandlungsraum im Zustand höchster Erregung. Vor acht Stunden war eine Frau von seiner langsam vorwärtsfahrenden Bahn erfaßt worden. Sie wurde »... zu Boden geworfen, und ihr Kopf fing an zu bluten«. – Obwohl ein Arzt die Verletzungen der Frau als geringfügig konstatierte, begann Frank hemmungslos zu zittern und verspürte schneidende Unterleibsschmerzen. Er hatte bereits andere Unfälle erlebt und war in ein bis zwei Stunden darüber hinweggekommen, es waren allerdings nie Menschen verletzt worden. Der besondere Stellenwert, den hier die Verletzung eines Menschen einnahm, war ein Resultat der Vergangenheit: Im Alter von dreizehn Jahren hatte Frank mit eigenen Augen gesehen, wie sein Vater in einem blutigen Verkehrsunfall zu Tode kam. Seither hatte er Angst vor Blut. Selbst kleinste Kratzer beim Rasieren riefen in ihm ein unbehagliches Gefühl hervor. Charakteristischerweise ließ ihn tierisches Blut unberührt; er hatte schon beim Schlachten zugesehen und auch einmal selbst einem Huhn die Kehle durchgeschnitten. Es schien ganz klar zu sein, daß seine exzessive Überreaktion auf den Unfall von seiner Phobie vor *menschlichem* Blut herrührte.

In den ersten fünf Sitzungen, die sich über sechs Tage hin erstreckten, wurde ein Persönlichkeitsbild von Frank erstellt, während er gleichzeitig mit der Technik der aktiven Entspannung vertraut gemacht wurde – was ihm auch half, seine momentanen Angstgefühle zu bewältigen. In der fünften Sitzung gab er an, sich sehr gut zu fühlen. Ich bat ihn, sich vorzustellen, wieder im Straßenbahnwagen zu sitzen und ein kleines Stück zu fahren, was er ohne jegliches Gefühl von Unbehagen erledigte.

Beim sechsten Interview stellten wir eine Rangliste verschiedener Situationen zusammen, in denen der Anblick menschlichen Blutes eine Rolle spielte. Bei dieser und den folgenden Sitzungen fühlte sich Frank entspannt und ohne Schwierigkeiten imstande, sich »Blutszenen« vorzustellen. Die schwächste Szene war der Anblick einer blutbefleckten Bandage im Abfallkorb. Sobald dieses Bild seinen Angstwert verloren hatte, wurde er aufgefordert, sich einen kleinen Blutstropfen auf seinem Gesicht während der Rasur vorzustellen. Nach etlichen Wiederholungen ließ seine Erregung nach und verschwand. Nachdem auf diese Weise pro Sitzung zwei bis drei solcher Szenen überwunden wurden, schaffte es Frank schließlich, sich geistig mitten in die Unfallabteilung eines Krankenhauses zwischen schwerverletzte Menschen einzublenden.

Die Relation zwischen psychologischer Behandlung und der Übertragung ins Alltagsleben enthüllte sich gerade im Fall Frank auf dramatische Art und Weise. Zwei Tage vor unserer letzten Sitzung wurde er Zeuge eines

Motorradunfalls. Ein Opfer war schwer verletzt worden und blutüberströmt. Dies hielt Frank nicht davon ab, aktive Hilfestellung zu leisten und beim Eintreffen des Krankenwagens sogar beim Transport des Verletzten mitzuhelfen.

Friderike, 24 J., litt erheblich unter den wiederholten Mißerfolgen, die ihr eine übersteigerte Prüfungsangst eintrug. Wie üblich stellten wir zunächst eine Hierarchie (in absteigender Reihenfolge) auf:

1. Auf dem Weg zur Universität am Prüfungstag (95)
2. Während des Ausfüllens des Prüfungsbogens (90)
3. Vor der verschlossenen Tür des Prüfungsraumes (80)
4. In Erwartung der Prüfungsbögen (70)
5. Der Anblick der Prüfungsbögen (60)
6. Der Vorabend der Prüfung (50)
7. Ein Tag vor der Prüfung (40)
8. Zwei Tage vor der Prüfung (30)
9. Drei Tage vor der Prüfung (20)
10. Vier Tage vor der Prüfung (15)
11. Eine Woche vor der Prüfung (10)

Dem Leser wird auffallen, daß der Angstpegel innerhalb der fünf oberen Stufen der Rangliste keinesfalls mit dem zeitlichen Abstand des Prüfungsereignisses korreliert ist; aber solche »unlogischen« Schwankungen kommen häufig vor, da *der emotionale Teil des Nervensystems den Gesetzen der individuellen Konditionierung* – und nicht den Regeln der »Vernunft« – *unterliegt*. Nach sieben Sitzungen war Friderike auch auf den höchsten Stufen der Hierarchie angstfrei. Nach vier Monaten legte sie ein glänzendes Examen ab.

Josef, 31 J., Werbevertreter, fürchtete sich vor dem Zusammensein mit anderen Leuten, besonders, wenn er sich nicht zurückziehen konnte. Diese Angst erweckte in ihm den starken Drang zu urinieren. In den vergangenen Monaten hielt er es kaum fünf Minuten in einem fremden

Büro aus, dann überfiel ihn die Angst und mit ihr der unwiderstehliche Zwang, seine Blase zu entleeren. Ging er hinaus, um diesem Drang zu gehorchen, trat dieses Gefühl bereits wenige Minuten nach seiner Rückkehr wieder auf. Die gleiche Angst überfiel ihn auch auf öffentlichen Plätzen, in Zügen, Flugzeugen, Kaufhäusern – kurz, überall, wo sich eine Menschenmenge aufhielt.

Nach vorsichtiger Befragung wurde klar, daß Josefs Angst auf folgende Art und Weise »arbeitet«: Sein Bedürfnis zu urinieren wurde von einem bestimmten Grad an Angst ausgelöst. Wenn er das Büro eines Klienten betrat, baute sich dieser Angstpegel im Verlauf von fünf Minuten auf und erreichte schließlich den kritischen Punkt. Der Drang, jetzt und sofort urinieren zu müssen, löste seinerseits neue Angst aus: Die Vorstellung, vor den Augen des Klienten in die Hosen zu machen, kam hinzu. Die beiden kombinierten Ängste schaukelten auf diese Weise seinen Angstpegel bis zur Panik hoch. Die Behandlungsstrategie sollte folglich zunächst die Furcht zum Verschwinden bringen, die er *vor* der Angst, in die Hosen zu machen, verspürte. Um ihn diesbezüglich zu desensibilisieren, mußte ich mich zunächst versichern, daß die ersten eingebildeten Szenen in solcher Weise strukturiert waren, daß sie die kritische Fünf-Minuten-Grenze nicht überschritten.

Josefs Fall weist eine gewisse *Flexibilität* auf, die sich aus der Vorstellungskraft ergibt. – Im Verlauf der Sitzungen wurde er aufgefordert, sich vorzustellen, einen Klienten zu interviewen, der stets einer strikten Regel folgte: Jedem Verkaufsvertreter gewährte er nur zwei Minuten Zeit. Dies bedeutete, daß Josefs Angstgefühle in kontrollierte Bahnen gelenkt wurden. Schritt für Schritt wurde nun die Zeitlänge gesteigert, bis er sich schließlich ohne Unbehagen vorstellen konnte, mehrere Stunden bei einem Kunden zu bleiben. Parallel dazu verschwand seine Angst vor unkontrollierbarem Urinieren. Als weitere Konsequenz wurde schließlich auch seine Angst vor Menschenansammlungen und in der Folge auch vor Flugzeugen, Zügen, Versammlungen etc. beseitigt.

Aber Josef besaß noch ein anderes Problem, das sich nicht durch die Bewältigung der geschilderten Ängste lösen ließ: krankhafte Eifersucht. Er war niemals darüber hinweggekommen, daß seine Freundin, die später einmal seine Frau werden sollte, ihm eine bereits länger zurückliegende Affäre mit einem anderen Mann gebeichtet hatte. Zu diesem Zeitpunkt war er achtzehn Jahre alt gewesen und hatte die Beziehung sofort abgebrochen. Nach langen Erwägungen entschied er jedoch, mit diesem Wissen leben zu können. Im Alter von zwanzig Jahren heiratete er das Mädchen, obwohl er das Gefühl hatte, »einen schlechten Schnitt zu machen«, wie er sich ausdrückte. Trotzdem blieb er weiterhin von der Vorstellung besessen, daß seine Frau es immer noch mit dem anderen Mann hielt.

Eifersucht basiert oft auf Angstvorstellungen, und so behandelte ich ihn auf folgende Art und Weise: Ich forderte ihn auf, sich vorzustellen, jemand hätte heimlich den vertrauten Umgang seiner Frau mit ihrem angeblichen Liebhaber gefilmt. Dadurch war Josef imstande, sich seine Frau und den fremden Mann so vorzustellen, wie sie in seiner Phantasie existierten – dies aber in einzelnen Abschnitten, die ich genau kontrollieren konnte, indem ich für jede Filmsequenz einen präzise abgegrenzten Inhalt angab. In der ersten Sequenz hielt der andere Mann die Hand seiner Frau. Ich wiederholte diese Szene so lange, bis Josef völlig angstfrei war. Im zweiten – eingebildeten – Film saß seine Frau mit ihrem Liebhaber auf einer Couch, er küßte sie und berührte ihren Busen – genau acht Sekunden lang. Josef spürte, wie die Angst in ihm hochstieg, und wir wiederholten die Szene dreimal. Schritt für Schritt wurde nun die Zeit gesteigert, in der der Mann seine Hand auf ihrer Brust ruhen ließ, bis ich schließlich zum nächsten Filmabschnitt (drei Minuten Länge) überleitete, indem sich seine Frau an ihren Liebhaber kuschelte. Eigentlich wollten wir in den folgenden Szenen noch weitergehen, aber es stellte sich heraus, daß dazu keine Notwendigkeit mehr bestand. Als Josef bezüglich der letzten Szene keine Angst mehr verspürte, meinte er, daß eine Situation, in der seine Frau sich drei Minuten lang streicheln ließe und ihren Liebhaber durch Anschmiegen noch ermutigte, ein *Vergehen* ihrerseits darstellte. Wenn ihn das nicht mehr aufregte, würde es nichts mehr tun. Dies war das Ende seiner Besessenheit.

Josefs Fall weist noch einen weiteren interessanten Zug auf. Wir hatten festgestellt, daß sich eine Minute der Konfrontation schlimmer auswirkte als dreißig Sekunden, zwei Minuten mehr als eine Minute. Sobald aber drei Minuten und die Vorstellung eines »Vergehens« erreicht worden waren, war kein weiterer Bedarf mehr vorhanden, in den gezeigten Szenen bis zu heftigem Petting weiterzugehen. Josefs »Siedepunkt« war erreicht worden, jedes »Höherdrehen der Flamme« hätte das »bereits kochende Wasser nicht weiter erhitzen« können! – Es geschieht häufig, daß bei der Bewältigung eines Angstpegels von etwa 80 die Notwendigkeit eines weiteren Fortgehens unterbleibt – die Angst als solche ist überwunden worden.

Variationen der Desensibilisierung

In manchen Fällen bleibt die Methode der systematischen Desensibilisierung mit Hilfe der eigenen Vorstellungskraft ohne Erfolg. Manche Patienten sprechen auf einen eingebildeten Angstauslöser keineswegs in dem Maße an, wie sie es in der realen Situation tun würden. Bei diesen Fällen ist es notwendig, die entsprechenden Objekte realiter zu präsentieren – konkret oder als Fotografie –, während sich der Patient im Zustand völliger Entspannung befindet. Bei Ängsten vor leicht zugänglichen Objekten, beispielsweise Insekten oder Hunden, erweist sich oft eine besondere Methode als sehr effektvoll: die »Modellvorführung«. Hierbei beobachtet der Patient ein furchtloses »Modell« (das kann der Therapeut oder eine dritte Person sein), die sich Zug um Zug an das gefürchtete Objekt heranpirscht. Später kann er – unter der Führung des Modells – selbst Annäherungsversuche machen.

Desensibilisierung muß gleichfalls fehlschlagen, wenn sich Patienten außerstande fühlen, sich ausreichend zu entspannen – oder bei völliger Entspannung keine gleichzeitige emotionale Ruhigstellung erreichen. Manchmal läßt sich

der Entspannungseffekt jedoch durch Hypnose verstärken.
– Andere Patienten sind wiederum nicht imstande, sich zu
entspannen, weil sie eine anerzogene Furcht vor dem »Sich-
gehenlassen« hegen. Für sie müssen andere Wege gefunden
werden, um der Angst entgegentreten zu können. Eine Möglichkeit verläuft wiederum über die eigene Vorstellungskraft: Der Patient wird aufgefordert, sich angenehme Szenen vorzustellen: angenehme sexuelle Empfindungen, sportliche Aktivitäten, Bilder wie fließende Wellen etc. – was
immer imstande ist, die entsprechende Person in einen
wohltuenden Zustand der Beruhigung zu versetzen. Eine andere Methode besteht darin, den Patienten unter dem Einfluß von Tranquilizern bzw. Sedativa sukzessive dem gefürchteten Objekt auszusetzen – eine Methode, die die
Mitarbeit eines Arztes voraussetzt und einer sorgfältigen
Überwachung bedarf.

Viele Patienten leiden unter einem Zustand permanenter
Angstgefühle – im Fachjargon als »freiflottierende Erregung« bekannt, die sie daran hindern, die nötige Ruhe für
eine wirkungsvolle Desensibilisierung zu erreichen. Diese
speziellen Angstgefühle werden meist durch »allgegenwär-
tige« Umstände – das eigene Körpergefühl, Licht oder Dunkelheit, das persönliche Zeitgefühl, Geräusche der Umgebung – ausgelöst. Wer unter dieser Form der Angst leidet,
erfährt seine Angst nie in völliger Isolation; auch kann er
gleichzeitig – bewußt oder unbewußt – für ganz spezielle
Ängste anfällig sein. Als Beispiel können wir uns einen Patienten anschauen, der nach einem traumatischen Sexualer-
lebnis verschiedene sexuelle Ängste entwickelte. Während
des auslösenden Angsterlebnisses war die Schlafzimmerbe-
leuchtung ausgeschaltet gewesen, so daß er nur die dunklen
Umrisse der Gegenstände wahrnehmen konnte. In der Folge
verband sich seine Angst mit dunklen Schattenrissen, wo
immer er ihnen begegnen mochte. Natürlich gibt es deren
sehr viele im täglichen Leben.

Freiflottierende Erregungszustände können auf drastische

Art und Weise vorübergehend ausgelöscht werden, indem man die Person kurzfristig eine Mischung aus Kohlendioxid und Sauerstoff inhalieren läßt. Dies setzt den Angstpegel in solchem Ausmaße herab, daß sich eine erfolgreiche Desensibilisierung durchführen läßt; die »Abnahme« hält im allgemeinen etliche Stunden, manchmal sogar Wochen an. So geschah es auch im oben beschriebenen Fall. Während dieser Zeit konnten dunkle Umrisse den Patienten nicht in Unruhe versetzen. Hatte er in dieser Zeit jedoch ein sexuelles Erlebnis, das seinen Angstpegel wieder in die Höhe trieb, so kehrten die freiflottierenden Erregungszustände, die durch dunkle Schattenrisse ausgelöst wurden, zurück; die Angst hatte eine »Rekonditionierung« erfahren. Die einzige Möglichkeit, den Patienten endgültig von seinen Ängsten zu befreien, lag in der völligen *Beseitigung* seiner Sexualängste – über den Weg der Desensibilisierung.

»Do it yourself!« – Wie weit kann Selbsthilfe gehen?

Der Grundgedanke der systematischen Desensibilisierung ist relativ simpel: Es gilt, ein großes Problem »handlicher« zu machen, um es besser in den Griff zu bekommen. Wenn dem so ist, warum kann sich dann nicht jedermann zu Hause auskurieren? – Aus verschiedenen Gründen ist dies meist nicht möglich. Oft ist es gar nicht so einfach, die »richtigen« Szenen zu identifizieren und auszuwählen. Auch die Gefühlsanalyse stellt sich oft als sehr komplex und schwierig dar. Wenn aber die Analyse nicht korrekt erfolgt, besteht auch keine Möglichkeit, die Hierarchie der Ängste abzubauen – der Patient landet in einer Sackgasse. Hinzu kommt, daß aktive Entspannung erlernt und trainiert werden muß, um den gewünschten Effekt erzielen zu können. Auch müssen die verschiedenen Szenen in angemessener Art und Weise selektiert und eingeordnet werden – eine Aufgabe, die normalerweise enge Zusammenarbeit von Patient und Therapeut verlangt.

Aber es stellen sich noch andere Probleme. Die entsprechende Szene muß jedesmal vollkommen identisch reproduziert werden. Der Zeitaufwand pro Szene muß sorgfältig kontrolliert werden – eine sehr schwierige Angelegenheit, wenn man sich allein daran wagt. Viele Menschen sind nicht imstande, bei der Szene zu verweilen – ihre Gedanken wandern. Oft gibt ein Patient an, auf eine Szene mit Angst zu reagieren, wenn er in Wirklichkeit nur ausdrücken will, was er empfinden würde, wenn diese Situation in Wirklichkeit auf ihn zukäme. Tatsächlich hat er in diesem Moment kein Gefühl für das »Jetzt«. – Hinzu kommt, daß die Entspannung einen *emotionellen* Effekt erzielen muß; viele Menschen sind imstande, ihre Muskeln zu entspannen, ohne dabei irgendeine gefühlsmäßig entspannende Reaktion zu erzielen. Wenn sich bei einer scheinbar entspannten Person keine gefühlsmäßige Ruhestellung einstellen will, kann der Therapeut einen Polygraphen verwenden, um das physiologische Geschehen zu verfolgen.

Trotzdem ist es interessant, zu sehen, daß viele Leute eine Art Desensibilisierung zum Überkommen von Ängsten bei sich selbst anwenden, ohne eine Ahnung von den begleitenden »technischen« Details zu haben. Ich begegnete einmal einem Mann, der während des Zweiten Weltkrieges Navigator auf einer B-52 gewesen war und einmal aus seiner brennenden Maschine abspringen mußte. In der Folge hatte er eine permanente Furcht vor Höhen und Flügen entwickelt, worauf man ihn zu einer anderen Einheit, deren Aufgabe die Kartographie war, versetzte. Seine neuen Pflichten schlossen auch die Betrachtung von Reliefkarten durch stereoskopische Linsen, die das Terrain auf der Karte wie aus großer Höhe zeigen, ein. Als er sich diesem Anblick wiederholt – von der »sicheren« Warte seines Büroschreibtisches aus – unterzog, verlor er nach und nach seine Angst vor dem Fliegen und konnte seine alte Tätigkeit wieder aufnehmen. Er hatte sich unbewußt selbst desensibilisiert. – Ähnlich verhält sich die Mutter, die ihr wasserscheues, von den heranbrausenden Wellen erschrecktes Kind über die Wasseroberfläche hält und seine Füße Stück für Stück ein bißchen tiefer eintauchen läßt. Sie desensibilisiert ihr Kind, so daß es seine Angst vor dem Meer verliert und beim Tauchen und Planschen bald nur noch Spaß hat.

Ich habe versucht, einige Schattenseiten der systematischen Desensibilisierung im Selbstversuch zu zeigen, doch muß ich an dieser Stelle hinzufügen, daß jemand, der es trotzdem versucht, sich kaum schaden kann und möglicherweise sogar einigen Erfolg haben wird. Viele Leute haben über Yoga, Meditation, Tanz oder andere Techniken gelernt, sich selbst völlig zu entspannen; andere haben die aktive Entspannung nach Übungsanweisungen aus dem Buch von Edmund Jacobsen* erlernt. Da es leider immer noch nicht genug Verhaltenstherapeuten gibt, können manche Leute durchaus mit Erfolg eine Therapie an sich selbst durchführen – wenngleich es stets vorzuziehen ist, sie gemeinsam mit einem Therapeuten zu machen.

Dann kann es auch gelingen, die erlernte Entspannung in vielen anderen Lebenssituationen mit Erfolg anzuwenden. Dennoch sollten die »Do-it-yourself«-Kandidaten nicht vergessen, daß viele der oben genannten Schwierigkeiten durchaus geeignet sind, den gewünschten Erfolg zu versagen.

Gewisse »Streßbewältigungsprogramme«, die sich mit der Technik tiefer Muskelentspannung befassen, mögen hier einen schier unschätzbaren Wert für diejenigen darstellen, die zunächst keinen Therapeuten zur Verfügung haben.

---

* Edmund Jacobson: *You Must Relax* (dt.: *Entspanne Dich!* Anm. d. Übers.), New York 1962

VI.
VERHALTENSTHERAPIE IM ALLTAG

Im letzten Kapitel habe ich bereits angedeutet, daß verschiedene Patienten nicht über eine ausreichende Einbildungskraft verfügen, um die herkömmliche Methode, die vor allem auf der Vorstellungskraft des Patienten basiert, effektiv anwenden zu können. Hier ist es nötig, den Patienten im Zuge der Desensibilisierung mit realen Situationen zu konfrontieren. Der Therapeut ist dabei anwesend und kontrolliert die Behandlung. Eine Person mit Spinnenangst kann so beispielsweise im Zustand äußerster Entspannung mit einer Spinne in einem Glasbehälter konfrontiert werden. Der Therapeut entscheidet, wann der Behälter nähergebracht wird, wie nahe, wie groß die Spinne darin ist usw.

Dennoch gibt es verschiedene Probleme, deren Behandlung ohne den Therapeuten stattfinden kann oder sogar muß. Dies liegt meist in der Natur der Ängste selbst. So kann jemand z. B. intensive Ängste des Verlorenseins entwickeln, *wenn er ganz allein ist;* je weiter er von vertrauten Orten oder Personen entfernt ist, desto größer wird seine Angst. Wenn diese Person nun außerstande ist, sich eine solche Situation realistisch genug vorzustellen, ist es für die Behandlung erforderlich, den Patienten der wirklichen Angstsituation auszusetzen. Da er in Anwesenheit des Therapeuten oder anderer Personen keine Angst zeigt, muß er allein gelassen werden. In einem typischen Behandlungsprogramm würde man ihn immer weiter fortschicken – bei jeder neuen Stufe wieder um Entspannung nachsuchend, um die Angst zu besiegen und die nächste Stufe angehen zu können.

Die Behandlung von Schüchternheit (Selbstsicherheits-training) sowie die Behandlung sexueller Ängste (hier vor allem, wenn es sich um Potenzprobleme handelt) erfordern gleichfalls eine Durchführung in der alltäglichen Situation sowie die Abwesenheit des Therapeuten. Hierbei kommt der Patient nach wie vor zur therapeutischen Behandlung, doch hat sie mehr den Stellenwert einer »Lagebesprechung«, bei der der Therapeut den augenblicklichen Stand der Dinge er-fährt, Irrtümer des Patienten korrigiert und ihm neue spezi-fische und detaillierte »Hausaufgaben« mit auf den Weg gibt.

Die Behandlung von Schüchternheit im Selbstsicherheitstraining

Wir haben gesehen, daß systematische Desensibilisierung dazu benutzt werden kann, Ängste vor Zurückweisung und Kritik zu besiegen. Ebendiese Ängste können auch dazu führen, daß man menschenscheu wird und den Umgang mit anderen Menschen meidet. In diesem Falle ist es notwendig, zunächst Veränderungen in der Art und Weise, in der sich der Patient gegenüber anderen Leuten verhält, wie er spricht etc., zu provozieren; und genau das ist die Grundlage des Selbstsicherheitstrainings, welches nichts anderes bewirkt als die Verstärkung des Gefühlsausdruckes in einer Pro-blemsituation. Ein Beispiel: Jemand drängelt sich in der Schlange nach vorne – normalerweise würden Sie vielleicht nichts tun, außer innerlich zu kochen, jetzt aber ermutigt Sie der Therapeut, Ihrem berechtigten Ärger Luft zu machen. Er wird Sie auffordern, dem Rüpel auf bestimmte, aber höf-liche Art und Weise klarzumachen, daß er sich anstellen muß. Die Absicht liegt hier nicht in der Erzeugung von Ag-gression, sondern in der Befähigung des Individuums, sich so verhalten zu können, wie es der jeweiligen Situation an-gemessen erscheint. Wird die Wut nicht heruntergeschluckt, sondern zum Ausdruck gebracht, hat dies gewissermaßen

Verstärkerfunktion – die vorhandene Wut wird verstärkt und kann auf diese Weise erfolgreich mit der Angst konkurrieren, die vorher das »Zum-Ausdruck-Bringen« der Wut unterbunden hat. Mit jedem Male erfährt die Angstgewohnheit eine Schwächung.

Im folgenden werden einige Ängste vorgestellt, die entscheidend das soziale Verhalten beeinflussen können. So kann beispielsweise eine Person außerstande sein, sich über die schlechte Bedienung in einem Lokal zu beschweren, weil sie fürchtet, damit die Gefühle des Kellners zu verletzen. Ein anderer vermeidet es, bei Meinungsverschiedenheiten seiner Freunde Stellung zu beziehen, weil er fürchtet, daß man ihn dann nicht mehr mag. Wieder ein anderer vermag es nicht, sich von einer langweiligen Party zu entfernen, weil er Angst hat, man könne ihn für undankbar halten. Genauso mag es ihm widerstreben, ein Darlehen einzutreiben oder einen Untergebenen zu kritisieren, weil er fürchtet, sein Image als »netter Kerl« zu schädigen. Er ist außerstande, Gefühlen wie Zuneigung, Bewunderung oder Lob Ausdruck zu verleihen, da er Gefühlsausdrücke als solche peinlich findet. Neben den Dingen, die ein solcher Kandidat außerstande ist zu tun, gibt es oft Dinge, die er zwanghaft tun *muß*. So wird er bei einem Geschäftsessen vielleicht stets die Rechnung begleichen, aus Angst, im gegensätzlichen Fall eine ungewollte Verpflichtung einzugehen.

Ängste haben meist ihren Ursprung darin, daß auf bestimmte gesellschaftliche Verpflichtungen zuviel Wert gelegt wird und dem Patienten in der Folge die Rechte anderer wichtiger erscheinen als seine eigenen. Oft ruht die Konditionierung auf einer religiösen Basis; sie kann ebenso auch auf die Ideale der Eltern zurückzuführen sein. – Einmal behandelte ich einen 36jährigen Mann, dessen Eltern ihn stets zu höflicher Unterwürfigkeit angehalten hatten. Während des Zweiten Weltkrieges – er war zum damaligen Zeitpunkt gerade acht Jahre alt – lebte er zwei Jahre lang bei Onkel und Tante, die sein Selbstbewußtsein stark förderten. Sein

Selbstgefühl blühte in dieser Umgebung auf, und er verwandelte sich in eine äußerst selbstbewußte Persönlichkeit. Nach Hause zurückgekehrt, mußte er für sein neues Verhalten schwer büßen; die Eltern bestraften ihn streng. In der Folge hegte er eine zwanghafte Furcht vor energischem Auftreten, besonders gegenüber Vorgesetzten; diese Angst hatte all die Jahre überdauert.

Ein weites Feld stellen die zwischenmenschlichen Ängste dar. Manche Leute sind schlicht und einfach außerstande, mit jemandem »klarzukommen«. Bei anderen existiert dieses Problem nur in besonderen Zusammenhängen. So können diese Personen durchaus mit Verkäufern oder zufälligen Bekannten zurechtkommen, verhalten sich aber gegenüber Personen, die ihnen persönlich nahestehen – Mutter, Ehefrau, Vorgesetzter, Geliebte –, furchtsam und unterwürfig. Ebenso können andere Patienten durchaus energisch (manchmal sogar tyrannisch) gegenüber nahestehenden Personen auftreten; gegenüber Unbekannten legen sie jedoch ein unsicheres, linkisches Verhalten an den Tag.

Bevor ein Selbstsicherheitstraining überhaupt beginnen kann, muß der Patient eingesehen haben, daß die Behandlung sinnvoll ist. Solange er nämlich noch der Meinung ist, es sei moralisch gutzuheißen, ständig die eigenen Interessen zugunsten anderer zurückzustecken, wird er auch kein guter »Empfänger« sein. Natürlich wird es immer wieder Leute geben, die die Selbstaufopferung zum Lebensprinzip wählen – Heilige und Märtyrer gehören dazu. Diese wählen ihre Lebensaufgabe jedoch aus einer inneren Stärke heraus – was in starkem Kontrast zu lebenslänglichen Leisetretern steht, die ständig wegen ihrer sinnlosen Ängste zurückstecken müssen. Die schwierigsten Fälle stellen Patienten dar, denen ein solches Verhalten von klein auf beigebracht worden ist. Ihnen muß klargemacht werden, daß ein solches Verhalten für normale Sterbliche weder nutzbringend noch hilfreich ist, d. h., ihnen muß die natürliche Moral eines gesunden Egoismus beigebracht werden. Sie müssen erkennen, daß in vielen Lebensbereichen das Selbsterhaltungsprinzip gegenüber den Interessen anderer durchaus Vorrang haben kann. Im Talmud der Juden finden wir diese Devise von Rabbi Hillel bestens in Worte gekleidet:

>>Wenn ich nicht für mich selbst einstehe, wer sonst soll es tun? Und wenn ich nur für mich einstehe – wer bin ich dann?<<

Die meisten Patienten sind rasch vom Nutzen eines gesunden Selbstbewußtseins überzeugt, viele sind sich dessen bereits vor der Therapie bewußt. Trotzdem reicht die Erkenntnis allein nicht aus. Der Patient muß lernen, sie in die Tat umzusetzen. Oft reicht schon ein guter Zuspruch aus. Sobald jemand die Nachteile mangelnden Selbstbewußtseins eingesehen hat – unbehagliche Gefühle, unvorteilhaftes Image etc. –, fallen ihm die einzelnen Lektionen in Sachen Selbstsicherheit immer leichter; Angst- und Erregungszustände lassen nach. Die Kraft, für sich selbst einzustehen, wächst – einem Schneeball vergleichbar, der einen Abhang hinabrollt.

Um aufzuzeigen, wie die Hilfe des Therapeuten aussehen kann, schauen wir uns als Beispiel eine alltägliche Situation an, die dem betreffenden Patienten schwer zu schaffen machte.

Andreas, 27 J., freiberuflicher Fotograf, war nicht imstande, schlecht zubereitetes Essen im Restaurant zurückgehen zu lassen.
Die gestellte Situation sah folgendermaßen aus: Andreas sollte ein leicht angebratenes Steak bestellen. Der Ober bringt ihm ein steinhartes. Das Gespräch entwickelt sich nun folgendermaßen:

Dr. W.: >>Was würden Sie in dieser Situation tun?<<
Andreas: >>Ich würde nichts sagen. Ich würde mich ärgern, aber das Steak essen.<<

Dr. W.: »Warum beschweren Sie sich nicht?«

Andreas: »Ich hätte Angst davor, dem Kellner widersprechen zu müssen.«

Dr. W.: »Aber das wäre Ihr volles Recht! Sie haben nicht bekommen, was Sie bestellt haben – und wofür Sie bezahlen werden! Sie sollten ihn also bitten, das Steak zurückzunehmen und ein anderes zu bringen, was er wahrscheinlich auch tun wird. Wenn er wirklich Schwierigkeiten machen sollte, verlangen Sie, mit dem Geschäftsführer zu sprechen.«

Auf der Basis dieser Instruktionen konnte Andreas sich von Mal zu Mal besser behaupten. Bei jeder neuen Übung überwog der verspürte Ärger, die Angst ließ nach und verlor als Gewohnheit immer mehr an Bedeutung. Sobald Schwierigkeiten auftraten, spielte ich das »korrekte« Benehmen in einem Rollenspiel mit ihm durch. Ich übernahm dann die Rolle des Obers, während Andreas sich selbst spielte und auf diese Art und Weise seine Schwächen einschätzen lernte.

Selbstsicherheitstraining hat in den vergangenen Jahren eine wohlverdiente Publicity und Aufmerksamkeit erfahren; vielen Lesern mag dies bereits durch Selbsterfahrungsgruppen und »Do-it-yourself«-Bücher hinlänglich bekannt sein. Solche Bücher können durchaus eine wertvolle Hilfestellung sein, trotzdem können sie wichtige Feinheiten des Selbstsicherheitstrainings oft nur unvollkommen vermitteln.

Der folgende Fall mag diese Behauptung untermauern:
Paula, eine junge Ehefrau, litt u. a. unter übertriebener Schüchternheit. Ich hatte ihr die Grundlagen des Selbstsicherheitstrainings beigebracht. Obwohl sie diese gegenüber den meisten Mitmenschen durchaus mit Erfolg anwenden konnte, machte sie gegenüber ihrer wichtigsten Bezugsperson – dem eigenen Ehemann – keine Fortschritte. Er pflegte sie unablässig zu kritisieren, sie war jedoch zu eingeschüchtert, um sich zu wehren, da dies nur weitere Zurechtweisung bedeutet hätte. In der Folge

91

stumpfte sie gegenüber seinen Äußerungen ab und ließ sie nur mehr passiv über sich ergehen.

Wir gingen die Art und Weise, in der ihr Ehemann sie zu kritisieren pflegte, im Detail durch. Der folgende Vorfall war typisch: Während er im Fernsehen die Abendnachrichten verfolgte, äußerte er sich abfällig über die Ansagerin. Dann zog er Vergleiche zwischen der Ansagerin und seiner Frau und begann, seine Kritik auf sie zu übertragen. Sie entgegnete (selbstbewußt, wie sie selbst glaubte): »Ich bin dieses Getue allmählich leid. Pausenlos mäkelst du an mir herum. Ich will, daß das endlich aufhört.« – So entsprach sie den Empfehlungen aus Büchern. In ihrem Fall half ihr Widerspruch jedoch gar nichts, vielmehr unterstrich sie noch mehr seine Beherrschung der Lage, da sie letztendlich an seine Zuneigung appellierte: Er sollte sich ihr gegenüber etwas netter zeigen.

In Wirklichkeit war ein fundamentaler Wandel ihrer Einstellung zur Kritik ihres Mannes vonnöten. Ich forderte Paula auf, nicht länger an seine Sympathie zu appellieren, sondern ihrerseits kritische Bemerkungen zu seinem Benehmen zu machen. So sollte sie z. B. entgegnen: »Bist du also wieder bei deinem Lieblingssport angekommen: Nörgeln und Mäkeln.« Dies wäre eine Bemerkung, die sie direkt über *ihn* äußerte, und sie würde gleichzeitig aus der Rolle der Kritisierten in die Rolle der Kritisierenden hineinrutschen. – Obwohl auch der Inhalt der Entgegnung nicht ganz unwichtig ist, ist hier vor allem die *Richtung* ausschlaggebend. Der emotionale Ton ist Angriff, nicht Verteidigung. Der unaufhörliche Redefluß des Gegenübers wird unterbrochen, ihr eigenes Image wird gestärkt und erfährt gegenüber der alten Märtyrerhaltung eine entscheidende Verbesserung.

Das Fallbeispiel zeigt, daß eine Person, auch wenn sie sich in den Grundbegriffen des Selbstsicherheitstrainings auskennt (nach der Devise: »Steh deinen Mann!«), immer noch unter Selbstbehauptungsschwierigkeiten leiden kann. Verschiedene Situationen erfordern auch verschiedene Arten und Nuancen der Selbstbehauptung, und hier bedarf es eines Therapeuten, der vermittelt, wie man am besten vorgeht.

Fallbeispiele zum Selbstsicherheitstraining

Cornelia, 24 J., Stenotypistin, klagte über chronische Angstzustände und Minderwertigkeitsgefühle, vor allem gegenüber ihrer Schwiegermutter. Gleichzeitig zeigte sie phobische Reaktionen gegenüber gewissen männlichen Personen, die – wie ich herausfand – sie an ihren Vater erinnerten. Auf das Klingeln der Türglocke hin reagierte sie ebenso mit Angst wie auf das Geräusch von Schritten auf dem Gartenweg. Alle Reaktionen resultierten aus frühkindlichen Erfahrungen, die sie mit ihrem Vater gemacht hatte, der sie während ihrer Kindheit auf verschiedene Art und Weise terrorisiert hatte. Er hatte ihr jegliches Spielzeug verboten; eines Nachts – sie war gerade acht Jahre alt geworden – fand er bei ihr eine geliehene Lumpenpuppe, die sie hinter ihrem Kleiderschrank versteckt hatte. Er zerriß sie vor ihren Augen in Stücke. Als sie vierzehn Jahre alt war, nahm er sie von der Schule und ließ sie ohne Bezahlung in einem seiner Geschäfte schuften. Er pflegte sich oft hinterrücks an sie anzuschleichen und ihr einen Stoß zu versetzen, wenn sie seiner Meinung nach nicht fleißig genug war. Mit siebzehn riß sie von zu Hause aus und heiratete einen Automechaniker, mit dem sie relativ glücklich war.

Die meiste Zeit der Behandlung wurde darauf verwendet, sie zu befähigen, für sich selbst einzutreten und Kontrolle über ihre zwischenmenschlichen Beziehungen zu erlangen. Anfangs fand sie das recht schwierig, deshalb begannen wir mit dem Training, indem wir Konfrontationen mit weniger wichtigen Personen provozierten. – So wies ihr beispielsweise ein Parkwächter immer dieselbe Ecke des Parkplatzes zu, nicht ohne sich vorher ausgiebig über ihren Gebrauchtwagen zu mokieren. Sie hatte sich an seine Witzeleien gewöhnt, ärgerte sich aber immer noch darüber. – Sie verbot ihm, sich auf ihre Kosten lustig zu machen (was er auch nicht mehr tat), und parkte ihren Wagen an einer Stelle des Parkplatzes, die ihr mehr zusagte. – Weiterhin begann sie sich gegenüber ihrem Hausmeister durchzusetzen, ebenso gegenüber ruhestörenden Nachbarn etc. Nach und nach bekam sie ihre Ängste in den Griff und trat bei allen Gelegenheiten selbstbewußt auf, auch gegenüber ihrer Schwiegermutter, ihrem Vorgesetzten sowie einem Kunden, der stark ihrem Vater ähnelte.

Schließlich fuhr sie zu ihrem Vater, um zu sehen, wie sie mit ihm zurechtkommen würde. Bei ihrer ersten Begegnung spürte sie noch eine leichte Nervosität, hatte sich dann jedoch völlig unter Kontrolle und überstand ohne Schwierigkeiten einen dreiwöchigen Aufenthalt bei ihm.

Die Behandlung stellte sich als ungewöhnlich schwierig heraus; 65 Sitzungen waren erforderlich, die sich über zwei Jahre hinzogen. Zum Abschluß sagte Cornelia, sie fühle sich nun frei und leistungsfähig, für sich selbst einzustehen. Ein Jahr später berichtete sie, daß das Unabhängigkeitsgefühl noch immer zunahm.

Marta, 28 J., Fotomodell, war sehr betroffen von der Gleichgültigkeit ihres derzeitigen Liebhabers. Charakteristischerweise war jede ihrer bisherigen Liebesaffären nach demselben Schema verlaufen: Zunächst fühlte sich der Mann von ihr angezogen, worauf sie, aus Angst, ihn zu enttäuschen, gleich beim ersten oder zweiten Rendezvous mit ihm intim wurde. In der Folge stürzte sie sich in eine selbstgewählte Abhängigkeit von ihm, rief ihn mehrere Male täglich an – worauf sie der Mann unweigerlich fallenließ.

Marta fehlte die Selbstsicherheit im Auftreten gegenüber ihren Mitmenschen, besonders ihrer Mutter, die ihr unaufhörlich zusetzte, warum sie noch nicht verheiratet sei, sowie ihrem Vorgesetzten. Schließlich war sie praktisch nie mehr angst- oder spannungsfrei. Sie hatte bereits zwei Jahre Psychoanalyse hinter sich und war zu mir gekommen, weil ihr bisheriger Therapeut gestorben war. Während der ersten Sitzungen äußerte sie wiederholt Kritik an meinem nichtanalytischen Vorgehen und stellte dessen Wert sehr in Frage.

Bei der fünften Sitzung war ihr die gegenseitige Wechselwirkung klargeworden, die ihre Ängste aufeinander ausübten, sowie ein klarer Plan zu deren Beseitigung vorgestellt worden. Sie begann, etwas optimistischer in die

Zukunft zu schauen. Sie lernte, auch einmal für sich selbst zu sprechen und unterwürfiges Verhalten gegenüber ihrem Liebhaber zu vermeiden. Er hatte sie kürzlich gebeten, ihm 300,— DM zu leihen. Marta hatte zugestimmt, obwohl es ihr eigentlich gegen den Strich ging. Wir beschlossen, daß sie ihm das nächste Mal sagen sollte: »Ich habe darüber nachgedacht, und ich werde dir das Geld nun doch nicht geben.« Sie tat dies auch, sehr ruhig, ohne Erklärung oder Entschuldigung, und empfand anschließend ein richtiges Triumphgefühl. Wenig später beendete sie die Beziehung, sehr selbstbewußt und mit relativ wenig Bedauern. Sie begann, ihr Leben mehr und mehr »in den Griff zu kriegen«. Bald fand sie heraus, daß sie endlich imstande war, in einer sexuellen Beziehung auch ihren eigenen Wünschen Ausdruck zu verleihen. Nach ihrer dreizehnten Sitzung nahm sie Urlaub und kehrte sechs Wochen später zurück, um zu berichten, daß sie immer besser mit anderen Menschen zurechtkäme und die neue Erfahrung, gesellschaftlich erfolgreich zu sein, in vollen Zügen genoß. Gleichzeitig mußte sie sich ihre Attraktivität nicht mehr durch möglichst viele Verabredungen beweisen und begann, auch gegenüber ihrer Mutter selbstbewußter aufzutreten. Sie hatte aufgehört, sich gegen deren Vorhaltungen zu verteidigen und begann nun ihrerseits, ihrer Mutter Vorwürfe zu machen: »... O ja! Jetzt fängst du also schon wieder an, mit der Lupe nach Fehlern zu suchen. Weißt du eigentlich, wie sehr mich deine Nörgelei mittlerweile langweilt?« – Ihre Mutter wurde nicht etwa zornig, wie Marta befürchtet hatte, sondern begann sie statt dessen respektvoller und freundlicher zu behandeln. – Auf ganz ähnliche Weise lernte Marta auch, mit ihrem Vorgesetzten umzugehen.

Als sie zwei Monate später einem Mann begegnete, den sie sehr sympathisch fand, trat sie ihm mit ihrem neuen Selbstbewußtsein gegenüber. Nach anfänglichen Schwierigkeiten, die sie souverän meisterte, heirateten sie nach einem Vierteljahr. Alles in allem hatte sie vierzehn Sitzungen gebraucht. Nach einem Jahr erstattete sie nochmals Bericht: Sie war glücklich verheiratet und fühlte sich wohl.

Bei Cornelia und Marta konnte das Selbstsicherheitstraining konsequent durchgeführt werden; dies ist jedoch nicht immer möglich. Oft können komplexe Ängste verschiedener Ursachen erfolgreiches Selbstsicherheitstraining behindern, und es wird notwendig, den Patienten zunächst ausführlich zu desensibilisieren, bevor das eigentliche Training einsetzen kann. Wenn beispielsweise ein Patient die Folgen seines eigenen Benehmens fürchtet, das, *was geschehen könnte,* wenn er einen klaren Standpunkt vertritt, so wird er nicht imstande sein, sich entsprechend selbstbewußt zu verhalten. Der Fall Robert, ein etwas schwerfälliger Bauinspektor von 47 Jahren, beschreibt dies. Robert war außerstande, seinen persönlichen Wünschen Ausdruck zu verleihen. Er beschrieb das folgende Gespräch als typisch. Es hatte sich vor einiger Zeit ereignet, als er gerade sein Mittagessen in einem öffentlichen Restaurant beendet hatte:

Kellnerin: »Was darf ich Ihnen zum Nachtisch bringen?«

Robert: »Nichts, danke sehr. Nur die Rechnung, bitte.«

Kellnerin: »Wollen Sie nicht unseren Käsekuchen probieren? Unser Restaurant ist dafür berühmt!«

Robert: »Nein, vielen Dank, lieber nicht. Ich lebe auf Diät.«

Kellnerin: »Na, ein klitzekleines Stückchen wird Ihnen bestimmt nicht schaden. Ich verspreche es Ihnen, Sie werden es nicht bereuen.«

Robert: »Na ja . . .«

Kellnerin: »Ich schneide Ihnen ein winziges Stück ab und berechne Ihnen dafür weniger. Na, wie klingt das?«

Robert: »Na gut, überredet. Ich nehme ein Stück.«

Tatsächlich kann Robert Käsekuchen nicht ausstehen. Der einzige Grund für seine Bestellung lag in seiner Angst, andere Menschen zu enttäuschen. Je mehr die Kellnerin auf ihn einredete, desto mehr hatte er das Gefühl, wie wichtig seine Zustimmung für sie sei, und er geriet mehr und mehr unter Druck. Schließlich gab er nach, aus Angst vor dem, *was sie vielleicht von ihm denken würde,* wenn er trotzdem ablehnte. – In einem solchen Fall ist es zunächst nötig, den

Patienten von den eingebildeten Konsequenzen seines selbstbewußten Auftretens zu desensibilisieren, um dann mit dem eigentlichen Training zu beginnen.

Angst entsteht nicht nur wegen der gefürchteten Konsequenzen, sondern auch aus dem Gedanken heraus, das Auftreten könne künstlich, gehetzt, gedrängt erscheinen. Das Problem liegt nicht so sehr darin, daß der Patient Angst hat, jemandes Gefühle zu verletzen, sondern vielmehr fürchtet, seinem eigenen Image durch sein Auftreten zu schaden. In diesem Fall muß er davon überzeugt werden, daß er in keiner Weise dem Bild, das seine Angst von ihm entwirft, entspricht (sondern sich im Gegenteil wie ein normaler Mensch mit einem gesunden Selbstbewußtsein benimmt). Reicht seine Überzeugung nicht aus, muß systematisch desensibilisiert werden.

Bei einer Mieterversammlung z. B. kann ein Mann außerstande sein, seine Meinung bezüglich bestimmter Renovierungen innerhalb des Gebäudes zum Ausdruck zu bringen – nicht, weil er sich vor der Meinung der anderen Mieter fürchtet, sondern weil die Situation selbst, das Auftreten vor einer größeren Versammlung, furchterregend wirkt. Hier liegt mit anderen Worten eine – uns schon zur Genüge bekannte – sinnlose Angst vor öffentlichem Auftreten vor. Selbstbehauptungstraining kann erst dann einsetzen, wenn die Angst, im Mittelpunkt des Interesses zu stehen, überwunden ist. Dies kann über die systematische Desensibilisierung erreicht werden. Auch Rollenspiele können eine große Hilfe sein.

Das Rollenspiel im Einzelfall

Greta, 26 J., Floristin, fürchtete die spitze Zunge ihrer Schwiegermutter. Diese fand an allem, was Greta unternahm, etwas auszusetzen, angefangen von ihrer Kochkunst über die Wohnungseinrichtung bis hin zu ihrer Auffassung von Kindererziehung. Wenn das Kleinkind auf dem Fußboden spielte, kam sofort der Einwand: »Du solltest das Kind nicht auf dem Boden herumkriechen lassen, wo es Keime aufnehmen kann. Das ist sehr gefährlich.« – Kürzlich hatte sie das Kind mit seinem Penis spielen sehen und Greta aufgefordert, ihm einen Klaps zu geben, denn »... wenn du ihn jetzt damit spielen läßt, werden daraus später eine Menge Schwierigkeiten entstehen. Komm dann nicht zu mir gerannt! Außerdem ist es einfach nicht gut für das Kind – du solltest so etwas nicht erlauben.«

In der Behandlung inszenierte ich folgende Situation:

Dr. W.: »Wir wollen uns nun vorstellen, ich sei Ihre Schwiegermutter. Ich habe gerade die Art und Weise, in der Sie Ihr Kind erziehen, schlechtgemacht. Einverstanden? Stellen Sie sich vor, ich hätte Sie gerade kritisiert.«

Greta: (In abbittendem Ton:) »Ich würde wahrscheinlich sagen: ›Wenn du glaubst, daß ich bei Billy Fehler mache, dann sag mir, was ich falsch mache. Ich habe doch immer...‹«

Dr. W.: »Tut mir leid, aber ich muß Sie unterbrechen. Die Art und Weise, in der Sie antworten, ist viel zu defensiv.«

Greta: »Das stimmt.«

Dr. W.: »So geht's nicht. Sie könnten sagen: ›Womit begründest du deine Kritik?‹ Wie auch immer die Worte sein mögen, sie müssen eine Herausforderung darstellen, die sie zwingt, ihre Anklagen zu begründen. Also, jetzt noch einmal von vorn.«

Greta: »Gut. ›Womit begründest du deine Kritik? Sag mir, wo ich mich nicht richtig verhalten habe, dann werde ich mein Verhalten ändern. Wenn ich selbst das Gefühl habe, daß...‹«

Dr. W.: »Keine Rede halten, das zeigt nur, daß Sie sich irgendwie herauswinden wollen. Verlassen Sie niemals den herausfordernden Standpunkt Ihrer Eingangsfrage. Sie sind jetzt nämlich schon wieder sehr defensiv geworden – das gibt Ihrem Gegenüber wieder Oberwasser.«

Greta: »Also gut, noch einmal. ›Was findest du an meinem Verhalten falsch?‹«

Dr. W.: »Schau mal, das Kind spielt mit seinem Penis. Keines meiner Kinder hat das je getan. Ich würde ihm an deiner Stelle eins auf die Finger geben.«

Greta: »Also, mich stört das überhaupt nicht. Das ist doch ganz normal in dem Alter. Ich freue mich, daß er die Dinge an sich entdeckt. Hier wird kein Kind geschlagen.«

Dr. W.: »Das war schon viel besser. Jetzt haben wir einen Ausgangspunkt erreicht, von dem wir weiter fortgehen können. Wenn sie weiterhin dieses Verhalten an den Tag legt, können Sie Ihren Standpunkt vertreten und ihr sagen: ›Hör mal, Mutter, ich bin deine endlose Kritik wirklich leid. Ich möchte davon jetzt nichts mehr hören – es sei denn, du hättest einmal einen richtigen Grund, etwas an mir auszusetzen.‹«

Im zweiten Beispiel geht es darum, einer jungen Frau beizubringen, mit der ungerechten Kritik ihres Vaters fertig zu werden. Der folgende Dialog entspann sich, nachdem sie bereits mit den Grundlagen des Selbstsicherheitstrainings vertraut war.

Janine, 24 J., Grundschullehrerin, hatte zu Hause eine Nachricht hinterlassen, daß sie über Weihnachten wegfahren würde. Als ihr Vater sie anrief, um ihr mangelndes Familienbewußtsein vorzuwerfen, verteidigte sie sich nur schwach und geriet völlig aus der Fassung.

Dr. W.: »Was hätten Sie ihm denn gerne entgegnet?«

Janine: »Ich hätte ihm gerne gesagt, wie ungerecht seine Anschuldigungen sind und daß ich wahrscheinlich mehr Familienbewußtsein an den Tag lege als irgendein anderes Familienmitglied. Ich habe mich immer nach allen anderen gerichtet, und diesmal hatte ich wirklich nicht das Gefühl, daß meine Mutter sehr enttäuscht wäre, wenn ich nicht käme.«

Dr. W.: »Das klingt aber sehr zaghaft und defensiv. Probieren Sie mal, ob Sie das nicht auch anders sagen können.«

Janine: »Ich glaube, du machst es dir sehr leicht, mich hier als den Sündenbock hinzustellen, der die ganze Familie unglücklich machen will. Ich finde das einfach unfair!«

Dr. W.: »Nicht schlecht, aber diese Antwort läßt Sie immer noch verletzlich erscheinen. Es bringt nicht viel, sich über jemanden zu beklagen, weil er sich Ihnen gegenüber unfair verhält, denn wenn Sie es so ausdrücken, dann setzen Sie sich mehr oder weniger seiner Willkür aus. Ein besserer Anfang sähe vielleicht so aus: ›Deine Anschuldigung ist einfach ungerechtfertigt.‹ Wenn Sie es so ausdrücken, dann sprechen Sie ganz klar aus, was Sie an seinem Verhalten als ungerecht empfunden haben. Wollen Sie es jetzt noch einmal versuchen?«

Janine: »Wie klingt denn das: ›Ich finde, es war nicht richtig von dir, mich letzte Nacht anzurufen und mir die Hölle heiß zu machen, denn du kennst ja die eigentlichen Hintergründe überhaupt nicht; vielleicht solltest du auch mal mit Mama darüber sprechen, und dann ruft ihr beide noch mal an‹?«

Dr. W.: »Schon viel besser.«

Selbstsicherheitstraining bedient sich zweier wechselseitiger Prozesse, die wir schon in Kap. III kennengelernt haben. Da ist einerseits die Bewältigung der Angst durch konkurrierende Gefühle wie Zorn, Ärger, Betroffenheit etc., andererseits die »Belohnung« für selbstsicheres Auftreten. Die Belohnung kann unterschiedlich ausfallen: Man gewinnt Kontrolle über eine Beziehung, in der man steckt, man bekommt wirklich das zarte Steak, das man auch bestellt hat; auch die Zustimmung der Mitmenschen (den Therapeuten eingeschlossen) stärkt dem Kandidaten das Rückgrat.

Sexuelles Versagen – Liebe gegen Angst

Im menschlichen Gefühls- und Liebesleben spielen Ängste und Beklemmungen eine ganz besondere Rolle, da in ihnen die Hauptursache sexueller Schwierigkeiten bei beiden Geschlechtern liegt. Natürlich gibt es Situationen, in denen das Vorhandensein nur schwacher sexueller Reaktionen nicht auf Angstzustände zurückzuführen ist, sondern schlicht und einfach auf die Tatsache, daß *ein bestimmter Partner* nicht besonders aufregend ist. Es mag ihm an physischen oder psychischen Attributen fehlen, oder es liegen Schwierigkeiten hinsichtlich der sexuellen Stimulation vor.

Im Gegensatz dazu wirken sich Sexualängste auf *jeden Geschlechtspartner* aus. Bei Männern herrscht hier vor allem die Angst, zu versagen; bei Frauen ist die Angst oft komplexer; sie kann durch den bloßen Anblick des männlichen Gliedes hervorgerufen werden, von abstrusen religiösen Vorstellungen verursacht sein etc. Ich bin Frauen begegnet, die die kleinste sexuelle Regung, die von einem anderen Mann als dem eigenen Partner ausgelöst wurde, in tiefe Schuldgefühle stürzte.

Männliche Sexualängste

Bei Männern lassen sich Ängste im Intimbereich im allgemeinen auf die Angst vor Versagen im Geschlechtsleben zurückführen. Diese Angst verhindert oder verringert die Erektion des Penis oder führt zu einem frühzeitigen Samenerguß. Ein Teufelskreis entwickelt sich:

Angst → Versagen → erneute Angst

Angst kann diese Wirkungen nur hervorrufen, wenn sie stärker als die sexuelle Erregung ist. Der Therapeut wird folglich Situationen planen, in denen die sexuelle Erregung überwiegt, und damit dem Gedanken folgen, daß die Angstgewohnheit mit jeder neuen Konfrontation und Überwindung nach und nach geschwächt wird. *Hierbei ist es sehr wichtig, daß die sexuelle Erregung immer stärker als das herr-schende Angstgefühl ist.* Die erste Aufgabe des Therapeuten ist zunächst, festzustellen, an welchem Punkt sexueller Annäherung die Angst einsetzt und welche Faktoren ihre Ausbreitung fördern. So mag ein Mann bereits beim Betreten des Schlafzimmers starke Angstgefühle haben, ein anderer erst, wenn er nackt neben seiner Frau im Bett liegt.

Dem Patienten wird zunächst der Grundgedanke der Therapie nähergebracht: Die sexuelle Annäherung soll in kleinen Schritten nach und nach gesteigert werden, und zwar in einem Ausmaß, daß jedes Auftreten von Angst unter Kontrolle bleibt. Verspürt er beispielsweise ein leichtes Angstgefühl, wenn er neben seiner Frau im Bett liegt, soll er so lange keine weiteren Annäherungsversuche machen, bis er diese Angst in den Griff bekommen hat – was meistens nach zwei oder drei Sitzungen der Fall ist. Dann kann er einen Schritt weitergehen – vielleicht, indem er ihre Brüste streichelt, ihre Hüften umfaßt oder sich ohne jeden Penetrationsversuch auf sie legt. Sobald er auf dieser Stufe keine Angst mehr verspürt, kann er dazu übergehen, seinen Penis an ihrer Klitoris zu reiben. Schließlich darf er ein wenig in sie eindringen – dies wird in zunehmendem Maße gesteigert bis zu Koitusbewegungen. Die Voraussetzung für jeden neuen Schritt ist die vollständige Überwindung der Angst auf der vorherigen Stufe.

Ein kritischer Punkt ist jeweils die Kooperationsbereitschaft der Partnerin. Die Ehefrau oder Freundin muß das Problem ernst nehmen und ihrem Partner liebevoll gegenüberstehen, ohne sich über ihn lustig zu machen oder ihn anzuspornen, um ihn zum Vollzug zu treiben.

Natürlich werden die Details der Behandlung von Fall zu Fall variieren. Oft kann es von großem Wert sein, wenn die Partnerin den Penis bis kurz vor der Ejakulation manipuliert. Dies wird mehrmals wiederholt. Der erwünschte Effekt liegt darin, die Zeit bis zur Ejakulation zu verlängern, bis sie nach einigen Sitzungen schließlich eine halbe Stunde und länger beträgt.

Oskar, 40 J., Architekt, klagte über vorzeitige Samenergüsse. Mit 22 Jahren hatte er seinen ersten Intimkontakt mit einer Frau seines Alters, zu der er eine längere Beziehung mit häufigem und befriedigendem Geschlechtsverkehr unterhielt. Nach drei Jahren endete diese Beziehung.

In den folgenden Jahren hatte er nur kurzfristig sexuelle Affären. Der Geschlechtsverkehr pflegte gewöhnlich etwa eine Minute lang zu dauern; wenn er mit einem Mädchen enger befreundet war, konnte er bis zu vier Minuten andauern. Vier Jahre, bevor ich ihn kennenlernte, geschah es, daß er nach längerer sexueller Abstinenz mit einem Mädchen schlafen wollte, das er auf einer Party kennengelernt hatte, und noch vor dem Eindringen ejakulierte. Seitdem passierte dies unweigerlich jedesmal, wenn er Geschlechtsverkehr ausüben wollte.

Was ihn schließlich in Behandlung brachte, war die Tatsache, daß er kürzlich eine Frau kennengelernt hatte, die ihm so nahestand, daß er das erste Mal in seinem Leben an Heirat dachte. Obwohl er mit ihr leidenschaftliches Petting genoß, brachte ihn die Angst vor vorzeitigem Erguß dazu, zunächst verschiedene Ausflüchte zu erfinden, um den Geschlechtsverkehr zu vermeiden.

Nachdem ich ihm erklärt hatte, woher die Angst in dieser Situation kommt und ihn mit ähnlichen Reaktionen vertraut gemacht hatte, entwarf ich einen Plan, wie wir – mit Hilfe seiner Freundin Anne – sein Problem lösen konnten. Um es ihm zu erleichtern, sollte er ihr erzählen, daß er in der Vergangenheit ständig Schwierigkeiten beim Geschlechtsverkehr nach längerer Abstinenz gehabt habe, und wenn sie seine schrittweisen Annäherungen geduldig abwarten wolle, wären sie wohl bald in der Lage, die volle Erfüllung zu finden.

Trotz mehrerer Rückschläge, die daher rührten, den Erfolg zu rasch erzwingen zu wollen, stellte sich das »Programm« schon bald als erfolgreich heraus. Nach zwei Monaten fuhren beide gemeinsam auf eine Ferienreise und konnten mehrmals befriedigend miteinander schlafen. Nach ihrer Rückkehr kündete Oskar an, daß sie in Kürze heiraten wollten. Acht Monate später berichtete er, daß seine Ehe sehr glücklich verlief – mit einem für beide Partner sehr befriedigenden Liebesleben.

Weibliche Sexualängste

Weibliche Sexualprobleme werden gern auf den obskuren Terminus »Frigidität« zurückgeführt. In Wirklichkeit liegt hier eine sehr vielschichtige Problemskala vor, von der absoluten Erregungsunfähigkeit bis hin zur »einfachen« Unfähigkeit, trotz höchster sexueller Erregung nicht zum Orgasmus kommen zu können.

Das am weitesten verbreitete Problem liegt zweifelsohne in der allgemeinen Ablehnung eines Sexualpartners. Es ist jedoch nicht zu übersehen, daß viele Ängste und der damit verbundene Mangel an sexuellen Gefühlen auf einen ganz bestimmten Mann beschränkt sind, z. B. den eigenen Ehemann. Die Lösung des Problems kann hier in einer generellen Verhaltensänderung seinerseits, einer besseren Arbeitsteilung gemeinsamer Aufgaben, größerer gegenseitiger Rücksichtnahme etc. liegen. Manchmal liegt es auch daran, daß sein Verhalten im Liebesspiel nicht die erwünschten Emotionen auslöst. In vielen Beziehungen müssen beide Partner ihr Verhalten zueinander ändern, da sich eine Kette gegenseitiger Enttäuschungen entwickelt hat. Die Frau rächt sich dafür, daß der Mann völlig in seiner Arbeit aufgeht, indem sie die Kinder so früh ins Bett steckt, daß er beim Nachhausekommen nichts mehr von ihnen hat, oder sie verweigert sich ihm im Bett. Es ist leicht zu verstehen, wie solche Taktiken negative Gefühle und Verhaltensweisen verstärken. Aufgabe des Verhaltenstherapeuten ist es, das Wesen der Interaktionen aufzudecken und die Partner dazu zu bringen, sich gemeinsam um eine neue Einstellung zueinander zu bemühen. Der Ehemann wird aufgefordert, auf bestimmte Wünsche seiner Frau mehr einzugehen, früher von der Arbeit nach Hause zu kommen und mehr Zeit mit der Familie zu verbringen. Sie läßt ihrerseits die Kinder länger aufbleiben, damit er sich ihnen widmen kann, und schränkt gleichzeitig die Zeit ein, die sie sonst vor dem Fernseher verbrachte, während er auf ihre Zuwendung hoffte. Auf diese

Weise werden wechselseitige Bedürfnisse mitgeteilt und zufriedengestellt, und im Verlauf der Zeit wird es beiden immer leichter fallen, auf den anderen einzugehen. (Dies ist nur eine weitere Variante des auf dem Prinzip »Belohnung« beruhenden Lernprogramms!) – Programme nach diesem Schema haben sich als äußerst erfolgreich herausgestellt – weit mehr als das einfache »Seinem-Ärger-Luft-Machen«, das in diesem Fall die Situation oft nur verschärft, aber häufig bei Eheberatungskursen Verwendung findet. Natürlich führt gegenseitige Verständigung nicht immer auf Dauer zum Erfolg; manche Paare sind eben einfach nicht füreinander geschaffen.

Wenn eine Frau Geschlechtsverkehr und sexuellen Praktiken als solchen feindlich gegenübersteht, liegt gewöhnlich immer eine sinnlose Angst zugrunde. Vergangene Erlebnisse haben bestimmte Gefühle mit sexuellen Situationen verknüpft. Manchmal ist das zugrundeliegende Ereignis, das oft schon Jahre zurückliegt, relativ trivial: eine Störung bei der Masturbation, die Begegnung mit einem »guten Onkel« oder die kategorische, religiös eingefärbte Ablehnung eines Elternteils gegenüber dem »schmutzigen« Sex.

Die Behandlung basiert naturgemäß auf den Einzelheiten, die die Analyse des Therapeuten hervorbringt (vgl. Kap. III). Liegt beispielsweise eine irreführende Indoktrination zugrunde, wird es zunächst notwendig sein, die falschen Vorstellungen über Sex auszuräumen und den Patienten zu einer neuen Einstellung gegenüber seinem eigenen Geschlechtsleben zu führen. Liegt der Fall vor, daß die vorhandene Angst auf einem emotionalen Lernprozeß beruht, wird höchstwahrscheinlich systematische Desensibilisierung zur Anwendung kommen.

Marlene, 39 J., Anwaltsgehilfin, Mutter dreier Kinder, war viele Jahre lang glücklich verheiratet und hatte mit ihrem Ehemann ein erfülltes Sexualleben genossen. Vor sieben Jahren hatte er begonnen, zu trinken. Schließlich war er nur noch betrunken anzutreffen, was Marlene sehr betroffen machte und schließlich mehr und mehr anwiderte. Geschlechtsverkehr mit ihm war ihr gänzlich zuwider geworden. Trotzdem ließ sie ihn hin und wieder gewähren, bemühte sich jedoch insgeheim um die Scheidung.

Sowohl vor wie nach der Scheidung stürzte sich Marlene in eine Reihe von Affären, mußte aber entdecken, daß sie – ganz im Gegensatz zu den ersten Jahren ihrer Ehe – völlig unfähig war, zum Orgasmus zu kommen. Schließlich kam sie zu mir zur Beratung, nachdem dies auch der Fall bei einem Mann gewesen war, in den sie sich sehr verliebt hatte.

Im Laufe der Verhaltenstherapie entdeckten wir, daß sich ihr Problem auf die Angst zurückführen ließ, man könne sie beim Orgasmus beobachten. Es fiel ihr keineswegs schwer, durch Masturbation zum Orgasmus zu gelangen – wenn sie allein war. Die Therapie bestand nun darin, sie vor den Augen ihres Geliebten masturbieren zu lassen, während ihr Freund aus immer kürzer werdenden Abständen zusah. Erst begann sie damit im Dunkeln, von ihm durch die geschlossene Badezimmertür getrennt, dann mit geöffneter Verbindungstür; die Annäherungen wurden weiter fortgesetzt, indem er näher an sie heranrückte und gleichzeitig mehr Licht zugelassen wurde. Wie erwartet, stellte der Punkt, an dem sie ohne jede Hemmung neben ihm masturbieren und zum Orgasmus gelangen konnte, die Schwelle dar, die auch zum erfüllten Geschlechtsverkehr führte.

Oft können sexuelle Schwierigkeiten durch die üblichen Techniken der systematischen Desensibilisierung ausgemerzt werden.

Natalie, 27 J., Regieassistentin, litt sowohl unter übertriebener Schüchternheit wie auch unter einer tiefen Abscheu vor Sex. Ihre Schüchternheit lernte sie sehr schnell mit Hilfe des Selbstsicherheitstrainings zu überwinden. Seit ihrer Kindheit war sie oft von ihrer Mutter mit obskuren Warnungen vor dem Phantom Sex geängstigt worden. Hinzu kam ein mißlungener Versuch eines älteren Onkels, der sie zu Beginn ihrer Pubertät sexuell mißbrauchen wollte. Seit ihrer Heirat vor fünf Jahren hatte sie Sex als notwendiges Übel empfunden und den Geschlechtsverkehr so oft wie nur möglich vermieden.

Bei dem Versuch, ihren Abscheu mit Hilfe von Desensibilisierung zu überwinden, entdeckte ich, daß allein der Anblick des Penis ihres Ehemannes aus irgendeiner Entfernung mehr Angst erzeugte, als sich durch aktive Entspannungsübungen bewältigen ließ. Diese Schwierigkeit ließ sich dennoch bewältigen, indem ich sie aufforderte, sich vorzustellen, wie sie im Park eine nackte männliche Statue betrachtete – zunächst aus zehn Meter Entfernung. Nach und nach konnte sie sich vorstellen, die Statue aus immer größerer Nähe anzuschauen; schließlich gelang es ihr sogar, sich ohne jegliche Erregung vorzustellen, den Steinpenis zu streicheln. Die nächsten Szenen versetzten sie in eine Ecke des Schlafzimmers, aus der sie den Penis ihres nackten Ehemannes aus fünf Meter Entfernung betrachtete. Mit fortschreitender Desensibilisierung wurde der Penis immer näher gebracht. Schließlich wurde sie aufgefordert, sich vorzustellen, den Penis einen Moment lang zu berühren. Sogleich kehrten die Angstzustände zurück. Nach etlichen Wiederholungen verlor jedoch auch diese Vorstellung ihren angstauslösenden Charakter, und in der Folge konnten Dauer und Intensität der Berührung gesteigert werden. Nach der zwanzigsten Sitzung gab sie an, daß sie mittlerweile imstande war, Sex zu genießen, und bei fünfzig Prozent aller Intimbegegnungen auch selbst zum Orgasmus kam.

VII.
ZWEI SPEZIELLE
THERAPIEMETHODEN

Die beiden im folgenden beschriebenen Methoden haben eines gemeinsam: Im Gegensatz zu den bisher dargestellten Behandlungsverfahren haben sie wenig mit den Vorgehensweisen, die bei Tieren angewandt werden, zu tun. Die erste Methode behandelt Ängste, die auf Fehlinformationen beruhen (vgl. S. 34). – Ähnlich wie bei der Desensibilisierung behandelt die zweite Methode Ängste, die unmittelbar durch bestimmte Objekte oder Situationen ausgelöst werden; im Gegensatz zur Desensibilisierung, die mit kurzfristigen, schwachen Angstkonfrontationen arbeitet, findet hier jedoch eine ausgedehnte Konfrontation mit relativ starken Angstreizen statt.

Die Behandlung von Ängsten,
die auf falschen Vorstellungen beruhen

Hier gilt: Vor dem eigentlichen Behandlungsbeginn müssen die Angstauslöser eindeutig identifiziert sein – wie dies im nachfolgenden Kap. VIII noch genauer beschrieben werden soll. – Eine Person hat beispielsweise Angst, einen Fahrstuhl zu benutzen, weil sie sich grundsätzlich vor dem Eingeschlossensein in engen Räumlichkeiten fürchtet. Hier wäre die systematische Desensibilisierung die Methode der Wahl. Sie wäre jedoch nicht angemessen, wenn die Angst dieser Person davon herrührt, daß sie glaubt, es könne etwas Schreckliches auf sie zukommen – beispielsweise der Erstickungstod im steckengebliebenen Fahrstuhl. Eine Angst, die auf solchen Vorstellungen beruht, kann nur durch entsprechende Sachinformation korrigiert werden. Der Versuch, eine Person vor Fahrstühlen zu desensibilisieren, wäre ebenso vergeblich, wie sie vor einer harmlosen Blindschleiche, die sie jedoch für überaus gefährlich hält, zu densensibilisieren. Nichts ist hier imstande, sie zu veranlassen, ihre Hand in den Käfig hineinzuhalten, solange sie die Schlange für giftig hält.

Manchmal ist es gar nicht schwer, jemanden von seinen falschen Vorstellungen zu kurieren:

Karin, 25 J., eine junge Mutter, hatte panische Angst, sie könne eines Tages ihr Kind vom Balkon ihrer Wohnung werfen. Diese Vorstellung bedrückte sie so sehr, daß sie bereits anfing, die Seite ihrer Wohnung, auf der sich der Balkon befand, zu meiden. Ihre Zwangsvorstellung ging dahin, daß sie vielleicht ihre Selbstkontrolle für einen Moment so weit verlieren könne, daß sie ihr Baby hinauswerfen würde.

Ich machte ihr klar, daß sie bisher niemals die Kontrolle verloren habe und daß es dementsprechend keinen Grund zu der Annahme gebe, sie könne es jetzt tun. In der Tat litt sie unter der *Angst,* so handeln zu müssen – also erklärte ich ihr, daß gerade die Tatsache, daß sie unter dieser Vorstellung so sehr litt, eine solche Handlungsweise noch unwahrscheinlicher machte als beispielsweise für jemanden, der an eine solche Möglichkeit noch nie einen Gedanken verschwendet habe. Diese Argumentation führte dahin, daß sie ihre Angst vor dem Verlust der Selbstkontrolle verlor – gleichzeitig wurde damit der Ursprung ihrer Angst eliminiert.

Karin ließ sich innerhalb einer einzigen Sitzung von dieser neuen Sichtweise überzeugen; für sie stellte dies eine Art Offenbarung dar, die ihr noch nie begegnet war. Allerdings ist es oft sehr schwierig, gegen Überzeugungen anzugehen, die jahrelang als zutreffend angenommen worden waren. Man ist mit seinen falschen Annahmen oft so vertraut, daß es mehrerer Sitzungen bedarf, ehe man sich auf die neuen Betrachtungsweisen einläßt und sie auch zu akzeptieren bereit ist.

Einige der häufigsten Ängste basieren auf der Furcht vor Krankheiten.

Karl, 43 J., Autohändler, saß gerade in seinem Büro und war im Begriff, eine größere Transaktion abzuschließen, als sein Gesicht plötzlich rot anlief, während er kurzatmig wurde und eine Beklemmung in der Brust spürte. Er bekam massive Ängste, weil er glaubte, sterben zu müssen. Sowohl Vater wie Bruder waren an Herzinfarkt gestorben, seine Schwester hatte durch zu hohen Blutdruck den Tod gefunden. – Er ging deshalb noch am selben Tag zum Arzt und ließ sich von Kopf bis Fuß untersuchen – es stellte sich jedoch heraus, daß er vollkommen gesund war. Dennoch ging er mit einem Gefühl davon, daß irgend etwas mit ihm nicht in Ordnung sei. Als er am nächsten Tag im Flugzeug saß, hatte er das starke Bedürfnis, jemanden neben sich sitzen zu haben, falls sich der Anfall wiederholen sollte. Seit dieser Zeit schwebte er ständig in Angst, allein zu sein.

Als ich Karl kennenlernte, lebte er bereits seit fünf Jahren mit seinen Ängsten, die ihre Wurzeln in der Furcht vor den beschriebenen körperlichen Symptomen hatten. Behutsam erklärte ich ihm, diese Symptome seien typische Folgen eines beschleunigten Herzschlages, wie sie bei jedermann auftreten würden – sie fangen plötzlich an und enden wieder ebenso plötzlich. Dabei tauchen gerade jene Gefühle und Empfindungen auf, wie er sie erlebt hatte. Da es sich dabei um einen vorübergehenden Ausnahmezustand der Herzfunktion handelt, liegt keinesfalls Grund zur Besorgnis vor. Nach sechs Sitzungen sowie mit Hilfe medizinischer Fachbücher gelang es mir, ihn zu überzeugen, daß er sich in keinerlei Gefahr befand. In dem Moment, in dem er seine Angst vor Herzattacken verlor, verschwand auch seine Angst vor dem Alleinsein.

Lydia, 60 J., Zeitungsverlegerin, hatte seit über zwanzig Jahren neurotisierte Ängste vor Krebs. Sie hatte bereits auf verschiedene Art und Weise versucht (u. a. durch Psychoanalyse und Insulinschockbehandlung), von ihrer Angst loszukommen – jedoch ohne Erfolg. Mit siebzehn war sie von ihren Eltern überredet worden, einen Mann »aus guter Familie« zu heiraten, zu dem sie sich selbst nicht sonderlich hingezogen fühlte, da er zwar rücksichtsvoll und großzügig, aber bei weitem nicht so gebildet wie sie war. Die Hochzeit wurde zu einem emotionalen Desaster, und bald verspürte sie den deutlichen Wunsch, ihren Mann zu verlassen. Sie hatte jedoch nicht den Mut und die Kraft dazu, weil sie die Mißbilligung ihrer Eltern fürchtete. Mit der Zeit wurde der durch diese Angst verursachte Konflikt immer größer; sie begann unter furchtbaren Kopfschmerzen und panikartigen Zuständen zu leiden.

Im Alter von 51 Jahren mußte sie sich wegen eines gutartigen Tumors am Uterus einer Totaloperation unterziehen. Als sie aus der Narkose aufwachte, fragte sie die Krankenschwester: »War es Krebs oder nicht?« – Die Krankenschwester entgegnete: »Meine Freundin hatte Krebs und wurde siebzig Jahre alt.« Diese Antwort entsetzte Lydia. Auch als der Chirurg ihr die Untersuchungsergebnisse, die die Harmlosigkeit des Tumors belegten, zeigte, ließ sie sich nicht überzeugen. Sie begann sich systematisch auf Krebs hin zu untersuchen, zunächst vor allem ihre Brust, später den ganzen Körper. Als sie beispielsweise nach dem Zähneputzen Blut an ihrer Zahnbürste fand, geriet sie sofort in Panik, weil sie an Mundkrebs dachte. Als sie zu mir in Behandlung kam, war sie von dem Gedanken besessen, Darmkrebs zu haben. Sie beobachtete peinlich genau ihren Stuhlgang, und sobald sie die leisesten Anzeichen von Diarrhöe oder Verstopfung bemerkte, schienen ihr alle Befürchtungen bestätigt. Dabei ging sie von der Vorstellung aus, daß sich Krebs innerhalb von wenigen Tagen oder Wochen entwickeln könne. Infolgedessen ließ sie sich öfters röntgen und unterzog sich den verschiedensten Untersuchungen. Alle blieben ohne Krebsbefund.

Ich korrigierte ihre falsche Annahme mittels medizinischer Fachzeitschriften, mit deren Hilfe ich ihr klarmachte, daß Darmkrebs immerhin ein Jahr benötige, um seine Größe zu verdoppeln. Da ihre Darmwände kurz zuvor von einem Facharzt mittels einer Spiegelsonde genauestens untersucht worden waren, konnte ich ihr entgegenhalten: »Sollten Sie zum jetzigen Zeitpunkt Darmkrebs haben, so muß er in einem so geringen Maße vorhanden sein, daß ihn dieses Instrument nicht nachweisen kann – dann wird er jedoch auch in einem Jahr erst in unerheblicher Größe vorhanden sein. Selbst dann wird er wahrscheinlich noch zu klein sein, um festgestellt zu werden. Andererseits ist Darmkrebs dieser minimalen Größe nicht in der Lage, Durchfall oder andere Symptome hervorzurufen. Deshalb kann bei Ihnen Krebs als Ursache keinesfalls in Frage kommen. Eine jährliche Kontrolle ist außerdem völlig ausreichend.« Die Argumente überzeugten sie schließlich. Gleichzeitig wurden ihre sozialen Ängste durch eine Kombination von Selbstsicherheitstraining und systematischer Desensibilisierung beseitigt.

Oft reicht es nicht aus, jemandem Argumente und Begründungen aufzuführen. Meist ist es wesentlich überzeugender und leichter akzeptierbar, wenn die entsprechenden Erfahrungen selbst durchlebt werden. Aktivitäten, die man selbst unternimmt, spielen manchmal eine entscheidende Rolle bei der Neubewertung von Angstursachen. Dabei kann es sich auch um kompliziertere Tätigkeiten drehen, wie uns das nächste Beispiel zeigen wird:

Thomas, 35 J., Schriftsetzer, hatte eine sinnlose Angst vor Tollwut entwickelt, die bereits durch kleinste Schrammen oder Kratzer ausgelöst wurde. Zwei Monate, bevor er mich aufsuchte, hatten seine Ängste massiv zugenommen, da er erst kürzlich von einem Kind, das am hellichten Tag von einer Fledermaus gebissen und daran gestorben war, gelesen hatte. Da er normalerweise davon ausgegangen war, daß Fledermäuse hauptsächlich in der Dunkelheit aktiv würden, hatte er Angst, abends schlafen zu gehen. Er hatte bereits den Schornstein abgedichtet und alle Fenster und Türen verriegelt; seit er jedoch die Sache mit dem Kind gelesen hatte, traute er sich selbst tagsüber kaum noch auf die Straße.

Der Ausgangspunkt seiner Ängste ließ sich zwei Jahre zurückdatieren. Er hatte damals versucht, einige herumstreunende Kater hinter seinem Haus zu vertreiben. Dabei hatten ihn die Tiere so sehr zerkratzt, daß er einen Arzt aufsuchte. Der fragte ihn, ob es ihm klar sei, daß die Katzen Tollwutträger gewesen sein könnten. Daraufhin fühlte er sich leicht verunsichert; in den nächsten Tagen steigerte sich seine Besorgnis. Nach einem Monat war eine regelrechte Panik daraus geworden, so daß er vor der Berührung jeglicher Gegenstände, vor allem scharfer Objekte, zurückschreckte. Der Arzt schickte ihn daraufhin zum Psychiater, der ihm verschiedene Medikamente verschrieb. Diese ermöglichten es ihm, Gegenstände wieder ohne Angst berühren zu können. Allerdings gab ihm der Psychiater auch den Rat, mit einem Freund zusammenzuziehen.

Thomas gab zu bedenken, daß sich im Hause seines Freundes Fledermäuse aufhalten könnten, worauf der Psychiater erwiderte: »Jaja, Fledermäuse sind nun einmal bekannt dafür, daß sie Tollwut übertragen können.« Seit dieser Äußerung kreisten seine Gedanken unablässig um die gefährlichen Fledermäuse.

Da Thomas' Ängste durch eine starke Überschätzung der Tollwutgefahr bedingt wurden, versuchte ich ihn zunächst mit Hilfe von Statistiken zu überzeugen, daß die Wahrscheinlichkeit, von einem tollwütigen Tier angegriffen zu werden, äußerst gering sei. Er entgegnete hierauf, daß die Wahrscheinlichkeit – wenn auch minimal – immerhin bestünde – und letztendlich hatte er damit sogar recht. Die Chance war allerdings so gering, daß es sicher keine Rechtfertigung dafür gab, sein Leben völlig danach auszurichten.

Ich dachte mir deshalb folgende Vorgehensweise aus. Ich begann Thomas allmählich davon zu überzeugen, daß er eine Resistenz gegen Tollwut aufbauen könnte. Zu der Zeit, wo Thomas mich aufsuchte, war gerade ein Impfstoff gegen Tollwut entwickelt worden. Die Immunisierung war jedoch ziemlich schmerzhaft und nur vorübergehend wirksam. (Inzwischen wurden längerfristige und relativ schmerzlose Impfstoffe hergestellt.) – So fragte ich ihn, ob er bereit sei, die Unannehmlichkeiten der Impfung auf sich zu nehmen, ebenso wie auch die immer wiederkehrende schmerzhafte Wiederholungsimpfung, um von seiner Angst loszukommen. – Er dachte einige Tage lang darüber nach und entschied sich dann, lieber die vorübergehenden Schmerzen, die ihm im Vergleich zu seiner Qual gering erschienen, zu ertragen, um zu einem normalen Alltagsleben zurückkehren zu können.

Da er aufgrund seiner früheren Erfahrungen mit Ärzten ziemlich mißtrauisch geworden war, hielt ich es für angebracht, ihm die gesamte Impfprozedur möglichst lebensnah und ausführlich zu schildern. Ich veranlaßte deshalb mehrere Laboruntersuchungen, die bei der Durchführung von Impfungen sonst nicht üblich sind. In Zusammenarbeit mit den Universitätslabors wurden einige Blutuntersuchungen durchgeführt und anschließend begann man mit der Impfreihe. Nach zwei Tagen wurden weitere Blutproben entnommen, die bereits zeigten, daß der Impfstoff »angeschlagen« hatte. Thomas war somit gegen Tollwut immun. Natürlich zeigte ich ihm alle Laborbefunde. Indem er sich Schritt für Schritt besser informierte, fühlte er sich von Tag zu Tag wohler.

Ich benachrichtigte nun den Hausarzt von Thomas, erklärte ihm die Situation, worauf er sich einverstanden erklärte, ihm auch die nötigen Folgeimpfungen zu verabreichen. Sobald Thomas wußte, daß keine Gefahr mehr bestand, von Tollwut befallen zu werden – wie gering auch die Wahrscheinlichkeit sein mochte –, war seine Angst verschwunden und seine Sorge beendet.

Thomas' Angst, die auf bestimmten Vorstellungen beruht hatte (von einem tollwütigen Tier gebissen und folglich selbst tollwütig werden zu können), wurde somit durch neue Einsichten (jetzt gegen Tollwut immun zu sein) überwunden. Wenn er auch bisher noch nie von einem tollwütigen Tier gebissen worden war und die Wahrscheinlichkeit auch in Zukunft äußerst gering schien, fühlte er sich durch das Wissen von seiner »Unverwundbarkeit« sicher. – Das bedeutet also, wenn ein bestimmtes Wissen die Ursache von Ängsten darstellt, so ist anderes, neues Wissen notwendig, um die Ängste abzustellen. Die Teilnahme an der Impfprozedur (die Blutuntersuchungen vorher und nachher, die eigentliche Impfung, das Lesen des Berichts über die erfolgreich verlaufene Immunisierung) ermöglichte Thomas, die Ereignisse besonders intensiv zu erfahren, die es ihm letztlich ermöglichten, die entscheidende Veränderung nachvollziehen zu können. Sein Fall veranschaulicht in aller Deutlichkeit die enorme Macht der Überzeugungen, die sinnlose Ängste auslösen, aber auch überwinden können.

Manchmal entsteht ein richtiger Kreislauf zwischen Fehlinformationen und den darauf aufbauenden Ängsten. In solchen Situationen ist eine Technik, die »Gedankenstopp« heißt, angebracht.

Norbert, 46 J., Fernsehmechaniker, fürchtete, für den Mord an einem Mädchen verantwortlich zu sein, der bereits vor Jahren durch die Zeitungen gegangen war. Seine Ängste bestanden auch dann noch, als er zum wiederholten Male las, daß der Mörder gefaßt worden sei, seine Schuld bekannt habe und zu einer langjährigen Gefängnisstrafe verurteilt worden sei.

Da er zum Zeitpunkt des Mordes Alkoholiker gewesen war, fürchtete er, die Tat unter Alkoholeinfluß begangen und vergessen zu haben. Die Angst veranlaßte ihn im Folgenden, jeglichen Situationen, in denen er Mädchen begegnen könnte, aus dem Wege zu gehen. So weigerte er sich sogar, seine kleine Enkelin zu sehen. Wenn er mit dem Auto an einer Grundschule vorbeifuhr, beachtete er öfters die Rotsignale der Ampeln nicht, aus Angst, er könne eines der Schulmädchen belästigen. Obendrein hatte er begonnen, ein Ritual zu entwickeln, bei dem er Schränke, Schließfächer, Koffer und andere Orte systematisch darauf untersuchte, ob er dort nicht eine Leiche oder einen verstümmelten Kadaver versteckt habe.

Die Verhaltensanalyse erbrachte tatsächlich eine andauernde Verquickung seiner Gedanken mit den Angstgewohnheiten. Sobald nämlich der Gedanke auftauchte, er habe damals das Mädchen umgebracht, stieg die Angst in ihm hoch

– und je mehr sich diese Angst ausbreitete, desto stärker beschäftigten ihn die »Mordgedanken«. Die Behandlung verwendete insbesondere die »Gedankenstopp«-Technik. – Dabei wurde ihm beigebracht, seine Gedanken augenblicklich auf ein anderes Thema »umzuschalten«, sobald die Verbrechensthematik auftauchte. Mit einiger Übung gelang es ihm, den Gedankengang gleich zu Beginn zu unterbrechen, womöglich gar nicht mehr aufflammen zu lassen. – Gleichzeitig besaß er noch eine Reihe anderer Ängste, die allerdings mit anderen Methoden angegangen werden mußten. So war er der Ansicht, er sei imstande, andere Menschen mit Schwefelsäure zu vergiften, wenn er sie berührte, nachdem er selbst mit einer Autobatterie in Kontakt gekommen war. Dieses Problem wurde mit der Methode der »Reizüberflutung« (»Flooding«) behandelt, die wir auf den folgenden Seiten darstellen wollen.

Massive Angstkonfrontation (Reizüberflutung)

Der Leser mag sich vielleicht wundern, wenn er nun mit einer Technik vertraut gemacht wird, die das genaue Gegenteil der Desensibilisierung darzustellen scheint. Diese Technik heißt Reizüberflutung und besteht darin, einen Menschen für längere Zeit mit relativ starken Angstauslösern zu konfrontieren. Das kann bis zu einer Stunde und länger dauern! Charakteristischerweise geschieht dann folgendes:

Eine Person empfindet beispielsweise eine Angststärke von etwa fünfzig Angsteinheiten, wenn sie kurzfristig der entsprechenden Situation ausgesetzt wird. Sobald diese Situation nun über längere Zeit bestehenbleibt, steigt der Angstpegel auf der Skala bis ca. 85. Danach nimmt sie von selbst wieder ab, um sich bei 25 bis 35 einzupendeln. Dieses Vorgehen wird mehrmals wiederholt, bis schließlich der Nullpunkt der Angstskala erreicht wird. Von Norbert wurde nun verlangt, er solle wie gewohnt seinen Alltagsaktivitäten nachgehen – und sich eben auch mit korrodierten Autobatterien schmutzig machen. Nachdem er damit in Berührung gekommen war, sollte er andere Leute aufsuchen, sie anfassen, in Läden und Restaurants gehen, Freunde besuchen – nur um möglichst viele Leute auf diese Art und Weise »anzustecken«. Verständlicherweise führte dies zu einer Erhöhung seines Angstpegels – so als ob er von Angst überflutet (»flooded«) würde. Nach einiger Zeit ließ diese Angst jedoch wieder nach und verlor sich, nachdem dieses Vorgehen mehrere Male im Verlauf etlicher Wochen wiederholt worden war.

Der erste Fall, bei dem die Methode der Reizüberflutung zur Anwendung kam, stammt aus dem Jahre 1938. Ein junges Mädchen fürchtete sich vor Automobilen, so daß ihr Arzt – vermutlich eher zufällig – sich auf die »Vogel-friß-oder-stirb«-Methode verlegte. Er verlangte von ihr, sie solle selbständig von ihrer außerhalb gelegenen Wohnung mit dem Auto zu seiner Praxis fahren. Das bedeutete eine etwa eineinhalbstündige Autofahrt, auf der sie mehrere Brücken überqueren sowie einen Tunnel durchfahren mußte – was ihr besonders unangenehm war. Am Morgen vor der Fahrt befand sie sich, noch bevor sie das Haus verließ, in einem panikartigen Zustand. Sie fühlte sich miserabel und kraftlos. Während der Fahrt stieg ihre Angst ständig an, ließ jedoch nach, als sie sich schließlich der Praxis näherte. Auf dem Rückweg war ihre Angst schon wesentlich geringer und ließ bei den nachfolgenden Autofahrten immer mehr nach.

Die erste wissenschaftliche Beschreibung der Methode der Reizüberflutung findet sich bei dem britischen Arzt Dr. Nicholas Malleson. Einer seiner Patienten war ein indischer Student, der sich vor den Examina zu Tode fürchtete, hauptsächlich wegen der fürchterlichen Konsequenzen, die sein Versagen nach sich ziehen würde: Seine indischen Kommilitonen würden ihn verspotten, seine Familie wäre zutiefst enttäuscht, er käme in finanzielle Schwierigkeiten. Die Behandlung bestand nun darin, ihm diese Konsequenzen möglichst lebendig vor Augen zu führen, ihm zu zeigen, wie ihm die Verachtung entgegenschlage, wie sich seine Frau und seine Mutter in Tränen auflösten. Zuerst nahmen seine Angstzustände zu, ließen aber mit der Zeit wieder nach. Im Folgenden wurde es für ihn immer schwieriger, sich möglichst realistische Bilder vorzustellen; gleichzeitig ließen seine Erregungszustände immer mehr nach. Bereits nach einer halben Stunde war er beruhigt. Die Behandlung wurde zwei Tage vor seinem Examen zweimal täglich wiederholt. Als sein Examen vor der Tür stand, meinte er, er sei nun außerstande, sich zu fürchten – und bestand es ohne Schwierigkeiten.

Bei den modernen Methoden der Reizüberflutung arrangiert der Therapeut für den Patienten relativ starke Angstsituationen. Diese imaginierten oder realen Situationen werden dabei kontinuierlich dargeboten. Die Darbietung wird so lange fortgesetzt, bis die Angst nachläßt – normalerweise in einem Zeitraum von zehn Minuten bis zu einer Stunde. Wenn die Reizüberflutung von Wirkung ist, nimmt das Ausmaß der situationsbedingten Angst bis zum Ende der Sitzung hin ab. Dies wird in der nächsten Sitzung fortgesetzt, bis die Angst ihren Gewohnheitscharakter verliert.

Man hat jedoch noch nicht eindeutig herausgefunden, auf welche Art und Weise die Reizüberflutung wirkt. Wichtig ist zunächst, daß sie in vielen Fällen hilft. Es gibt zwei Hinweise, die etwas Licht ins Dunkel bringen. Zum einen handelt es sich um einen Mechanismus, den Pawlow *protektive Inhibition* oder *Schutzhemmung* nannte. Er beobachtete nämlich das Phänomen, daß, wenn ein Geräusch eine bestimmte emotionale Reaktion hervorruft, die Zunahme von Lautstärke oder Dauer des Geräusches auch eine entsprechende Zunahme der Reaktion hervorruft. Dauert das Geräusch jedoch permanent an oder nimmt die Lautstärke ständig weiter zu, so verringert sich die Reaktion. Pawlow führte dies auf einen autonomen Schutzmechanismus zurück, der einen Organismus vor zuviel Erregung bewahrt.

Die zweite Beobachtung hängt mit der Gegenwart des

Therapeuten selbst zusammen. Wird die Methode der Reizüberflutung nämlich in Anwesenheit des Therapeuten angewandt, so ist sie im allgemeinen wesentlich erfolgreicher, als wenn sie vom Patienten allein durchgeführt wird. Dies mag an dem »emotionalen Wettstreit« liegen, den die Gegenwart des Therapeuten provoziert. Möglicherweise lag dieses Prinzip auch bei unserer jungen Frau mit der Angst vor dem Autofahren zugrunde: Als sie sich mit dem Auto der Praxis ihres Arztes näherte, fühlte sie sich gleich wohler.

Die Methode der Reizüberflutung wurde in den vergangenen Jahren häufig bei der Behandlung von Phobien eingesetzt. Trotz beachtlichem Erfolg erreichte sie jedoch – bis auf Ausnahmen – nie den Stellenwert, den die Desensibilisierung innehat. Mehr noch, die Behandlungsweise ist mit starken Belastungen verbunden, was die Desensibilisierung für viele »angenehmer« erscheinen läßt. Der dabei auftretende Streß kann so unangenehm werden, daß mancher Patient nicht bereit ist, die Behandlung fortzusetzen.

Dennoch gibt es einen Typ des neurotischen Patienten, für den die Reizüberflutung eine wahre Erleichterung bedeutet und heutzutage zweifellos die effektivste Behandlungsmethode darstellt. Zwanghaft veranlagte Kandidaten wie beispielsweise unser Fernsehmechaniker verbringen sehr viel Zeit damit, sich vor »Verunreinigungen« zu schützen und eine Reihe von Ritualen zu vollführen, um die unangenehmen Folgen jeglicher Kontamination zu verhindern. Personen mit diesen und ähnlichen Problemen haben jahrzehntelang die Psychiater zur Verzweiflung getrieben. Die Behandlung mittels Desensibilisierung war in den letzten 25 Jahren zwar sehr erfolgreich, doch in den meisten Fällen auch sehr zeitaufwendig. Bei der Reizüberflutung wurden hingegen in siebzig Prozent der Fälle innerhalb von wenigen Wochen deutliche und andauernde Verbesserungen erzielt.

Im folgenden wird ein typischer Fall dieser Art geschildert:

Carola, 20 J., alleinstehend, war seit zwei Jahren bemüht, jegliche Kontakte mit Personen oder Dingen zu vermeiden, die auch nur irgend etwas mit ihrem ehemaligen College zu tun haben könnten. Sie hatte dieses College immer als unter ihrer Würde angesehen, und glaubte, aufgrund ihrer Fähigkeiten für eine viel renommiertere Hochschule geeignet zu sein – leider hatte sie es nie geschafft, da sie nicht viel für ihr Studium getan hatte und ihre Zeugnisse entsprechend aussahen.

Ihre Zwangshandlungen hatten als Folge eines für sie äußerst qualvollen Erlebnisses begonnen. Carolas Zimmergefährtin hatte eine Freundin, die sie äußerst abstoßend fand, weil sie sich und ihre Kleidung selten wusch. Eines Abends kam Carola in ihr Zimmer und fand die beiden Freundinnen auf ihrem Bett liegend vor. Sie unterhielten sich gerade über einige verrückte sexuelle Erfahrungen, die sie gemacht hatten, als Carola sah, daß die Haare der Freundin von Läusen nur so strotzten. Der abstoßende Anblick verstärkte Carolas Ablehnung gegenüber dem College und dessen Studenten. Hatte sie sich bisher schon abseits von ihren Kommilitoninnen gehalten, so vermied sie jetzt jeglichen Kontakt mit ihnen und berührte auch keine Dinge oder Sachen, die vorher jemand anders berührt haben könnte. – Sie veranlaßte ihre Mitbewohnerin, aus dem gemeinsamen Zimmer auszuziehen, und ließ niemanden mehr ins Zimmer hinein. Wenn dies doch einmal vorgekommen war, warf sie alle kleineren Dinge, die diese Person angefaßt haben könnte, weg. So vernichtete sie beispielsweise einen »beschmutzten« Kugelschreiber oder ein beschriebenes Blatt Papier, wischte gründlich über Fußboden und Möbel und reinigte die Kleider, die berührt worden waren.

Ehe sich Carola zu einer Verhaltenstherapie entschlossen hatte, hatte sie bereits mehrere andere Behandlungen sowie einen längeren Klinikaufenthalt hinter sich gebracht. Nach dem Abschluß ihrer Verhaltensanalyse versuchte ich zunächst, sie dazu zu bringen, sich Kontaminationen vorzustellen, und möglichst realistisch auszumalen. Ich hatte damit jedoch keinen Erfolg. Deshalb entschloß ich mich, die Technik der Reizüberflutung unter Zuhilfenahme realer Objekte anzuwenden. Zunächst bat ich ihre

120

Eltern, mir diejenigen Gegenstände zu schicken, die Carola während ihrer Studienzeit besessen und benutzt hatte. Ich erhielt ein großes Paket mit Kleidungsstücken, Schreibutensilien, Büchern und dergleichen. Im Laufe der nächsten Sitzung erhielt Carola dann eine genaue Beschreibung der Reizüberflutungstechnik.

Als nächstes fuhren wir gemeinsam zu ihrem College. Dort wurden die Gegenstände, die ich von ihren Eltern erhalten hatte, auf einem Schreibpult vor ihr ausgebreitet. Ich machte sie darauf aufmerksam, daß nichts gegen ihre Einwilligung geschehen würde und bat sie, die Gegenstände in aufsteigender Reihenfolge ihres Unbehagens aufzulisten. Ein Kollege von mir hielt dann einen Kugelschreiber, den sie als am wenigsten angstauslösend eingestuft hatte, hoch und fragte sie, ob sie dies nicht auch einmal versuchen wolle. Sie weigerte sich beharrlich. Er legte deshalb zunächst seine Hand auf den Tisch und bewegte sie langsam immer näher an den Kugelschreiber heran, bis er ihn schließlich mit den Fingerspitzen berührte, während Carola ihn beobachtete. Dann nahm er ihn vorsichtig vom Tisch hoch, umfaßte ihn etwas fester und fing schließlich an, mit ihm zu schreiben. Dies alles regte sie in keiner Weise auf. Als er sie jedoch bat, ihm das alles nachzumachen, weigerte sie sich auch während des folgenden Behandlungstages und war erst am dritten Tag imstande, den Kugelschreiber anzufassen und mit ihm zu schreiben.

Dies stellte erst den Beginn der Reizüberflutung dar, denn den Kontakt mit dem Kugelschreiber empfand sie nach wie vor als beschmutzend und deshalb angstauslösend. Um den Zustand der Kontamination aufrechtzuerhalten, baten wir sie, sich in den nächsten zwei Stunden nicht die Hände zu waschen. Während dieser Zeit verringerte sich ihr Streß kontinuierlich, so daß wir ihr schließlich erlaubten, sich die Hände zu waschen.

Im Laufe der nächsten Sitzungen war Carola bereits in der Lage, immer mehr Gegenstände anzufassen und zu benutzen, ihre Kleider längere Zeit zu tragen, bis sie schließlich einen ganzen Nachmittag, ohne sich zu waschen, aushielt.

Der Erfolg der Behandlung war erfreulich. Mit weiterer

Unterstützung suchte sie wieder Kontakt zu vielen Dingen, berührte Menschen und faßte Wände, Türklinken oder Bücher an. Nach mehreren Wochen konnte sie ihre Eltern besuchen; ein Vierteljahr später gelang es ihr sogar, sich an einer renommierten Hochschule einzuschreiben. Nachfolgende Katamnesen in jährlichem Abstand erbrachten ein völliges Verschwinden der letzten Reste ihrer Zwangshandlungen.

Obwohl die Reizüberflutung eine relativ neuartige Methode darstellt, ist sie mit einem seit Jahrhunderten bekannten Verfahren verwandt, das »Abreaktion« genannt wird. Bei der Abreaktion stellt sich eine Person noch einmal deutlich alle Einzelheiten der beunruhigenden Situation, die zum Angstauslöser wurde, vor. Während sie dies tut, wird sie emotional immer erregter und scheint die alten Erfahrungen noch einmal zu durchleben. Manchmal fühlt man sich nach einem solchen Wiedererleben wirklich viel wohler.

Diese Art von Abreaktion geschieht nicht häufig – wenn sie aber einmal auftritt, dann völlig überraschend. So hatte ein Lastwagenfahrer nach einem Unfall Angst, weiterhin einen Lastwagen zu fahren. Sein Lastwagen war auf einer Öllache ins Rutschen gekommen, hatte sich um die eigene Achse gedreht und war an eine Mauer geprallt. Er selbst war in ein Gebüsch geschleudert und glücklicherweise vor schweren Verletzungen bewahrt worden. Was er aber behielt, war die Angst vor dem Autofahren. Nach der üblichen Anamneseerhebung und weiteren einleitenden Schritten fing ich an, ihn zu desensibilisieren. In der ersten Situation sollte er auf die Tür eines parkenden Wagens zugehen und am Türgriff ziehen. In dem Augenblick, wo er dieses Bild deutlich vor Augen hatte, brach eine überaus lebendige und erregende Beschreibung seines Unfalls aus ihm heraus. Er war von dieser eigenartigen Erfahrung sehr verwirrt und konnte sich erst nach einigen Minuten wieder beruhigen. Bemerkenswerterweise war damit jedoch auch seine Angst gänzlich überwunden worden. Er benötigte keine weitere

Behandlung mehr und konnte bereits am nächsten Tag seine Arbeit wieder aufnehmen!

Leider gibt es keine verläßliche Methode, diese Art von Abreaktion in Gang zu bringen. Ebenso ist es nicht gesichert, daß dieses Noch-einmal-Durchleben der angstauslösenden Situation notwendigerweise zur Heilung führt. Es kann auch sein, daß sich überhaupt nichts ändert, ja, es können sogar Verschlechterungen auftreten. Das alles ist Grund genug, die moderne Methode der Reizüberflutung wegen ihrer besseren Kontrollierbarkeit und ihrer größeren Anwendungserfolge dem älteren Vorläufer, der Abreaktion, vorzuziehen.

Bevor jedoch ein Therapeut in der Lage ist, die Behandlungsmethoden, die in den letzten drei Kapiteln beschrieben wurden, anzuwenden, muß er bis in die letzten Einzelheiten herausgefunden haben, wodurch die sinnlosen Ängste des Patienten ausgelöst werden. Wie er davon Kenntnis erhält, wird das nächste Kapitel zeigen.

VIII.
VERHALTENSANALYSE –
WARUM MAN OHNE FACHLEUTE
NICHT AUSKOMMT

Wir haben bis jetzt vielfältige Möglichkeiten kennengelernt, die Menschen in den Strudel der Neurose ziehen, und haben auch einen Eindruck von den Methoden gewonnen, durch die sie davon wieder befreit werden können. Da aber jede Person in ihrer Art einmalig ist, gibt es endlos viele Strukturen neurotischer Probleme. Daher ist das Herausarbeiten der individuellen Zusammenhänge für eine erfolgreiche Behandlung Voraussetzung. Dieses Vorgehen, die sog. Verhaltensanalyse, ist die schwierigste Aufgabe der Verhaltenstherapie. Sie erfordert besondere Sorgfalt und Geschick, die mit »Do-it-yourself«-Anleitungen nur begrenzt möglich ist.

Die für eine Behandlung notwendigen Informationen stammen zum größten Teil von den Mitteilungen des Patienten. Während die meisten Personen recht mitteilsam sind, gibt es jedoch auch einige, die den Therapeuten bei wichtigen Punkten unabsichtlich in die Irre führen. Das kann daran liegen, daß der Therapeut nicht präzise genug gefragt hat oder daß er Informationen übersehen oder nur einseitig betrachtet hat. Vielleicht hat er auch aufgrund eigener Voreingenommenheit den Schwerpunkt des Problems verschoben. – Alice, der wir im nächsten Kapitel begegnen werden, hatte so fälschlicherweise die Auslösung ihrer Ängste der Anwendung eines Betäubungsmittels, das sie während einer Operation erhalten hatte, zugeschrieben. Genaue Nachforschungen brachten jedoch die Nebensächlichkeit des Betäubungsmittels und die zweifelsohne große Bedeutung ihrer sozialen Belastungen an den Tag. Wie man sieht, wäre – je nach Erklärungsansatz – die Behandlungsmethode völlig unterschiedlich ausgefallen.

Sollte es aber trotz versierter Fragen des Therapeuten dem Patienten nicht möglich sein, seine Ängste mit irgendeinem Auslöser in Verbindung zu bringen, so ist es durchaus möglich, daß organische Ursachen vorliegen. Diese können physiologischer Art sein, wie beispielsweise eine Überfunktion der Schilddrüse oder hormonelle Unregelmäßigkeiten. Organisch bedingte Ängste sind im allgemeinen mehr oder weniger gleichbleibend in ihrer Stärke und werden durch Lernprozesse nicht beeinflußt. Es kommt aber auch vor, daß jemand unter einer erlernten Angst leidet, die permanent existiert, ohne eine auslösende Situation damit in Verbindung bringen zu können. In diesem Fall handelt es sich um sog. freiflottierende Ängste.

Die Verhaltenstherapie hat also das Ziel, möglichst präzise Aussagen über die Ursache des Problems zu machen. Bei der ersten Befragung wird der Patient gebeten, die Schwierigkeiten zu erläutern, die ihn veranlaßt haben, sich in Behandlung zu begeben. Dabei wird die Problemgeschichte jeder einzelnen Beschwerde bis zu ihrem Beginn zurückverfolgt und besonders auf die Umstände geachtet, die eine Verschlimmerung oder Verbesserung zur Folge hatten. Natürlich sind Ängste dabei das Hauptproblem, aber auch wenn dies nicht offensichtlich ist, wird durch sorgfältiges Nachfragen recht bald die zentrale Stellung der Angst jeder Neurose aufgedeckt. Deshalb werden auch die gegenwärtigen Bedingungen, die die Angst aufrechterhalten, einer besonders sorgfältigen Analyse unterzogen.

Als nächstes wendet sich der Therapeut den alltäglichen Lebensumständen des Klienten zu, um die allgemeine Lebenseinstellung und seine unterschiedlichen Reaktionen auf Personen und Situationen herauszufinden. Der persönliche Lebenshintergrund eröffnet manchmal neue Perspektiven bezüglich des anstehenden Problems. Die Befragung beginnt mit den frühkindlichen Lebensumständen und beinhaltet Fragen wie: Wie haben Sie als Kind Ihre Eltern gesehen? Wie kamen Sie miteinander aus? Waren sie freundlich zu Ihnen, und zeigten sie Interesse an Ihnen? Aus welchen Gründen und mit welchen Mitteln wurden Sie bestraft? Wie sah die religiöse Erziehung aus? Inwieweit beeinflußte sie Ihr Leben? Wie sah Ihre Beziehung zu Brüdern und Schwestern aus? Erinnern Sie sich an irgendwelche Ängste, oder plagten Sie irgendwelche Vorstellungen in Ihrer Kindheit?

Bezogen auf die Schulerziehung könnten die Fragen lauten: Sind Sie gern zur Schule gegangen? Wie gut waren Ihre schulischen und sportlichen Leistungen? Hatten Sie Freunde? Hat Sie jemand gehänselt? Wann haben Sie die Schule verlassen, und was haben Sie anschließend gemacht? Wie sah Ihr beruflicher Werdegang aus?

Die Befragung schließt gewöhnlich mit Fragen nach dem bisherigen Intimleben ab: Wie alt waren Sie, als Sie erste sexuelle Regungen spürten? In welchem Zusammenhang traten sie auf? Haben Sie sich selbst befriedigt? Hat dies Schuldgefühle oder Gedanken an furchtbare Konsequenzen hervorgerufen? In welchem Alter hatten Sie erste Kontakte zum anderen (oder eigenen) Geschlecht? Wann und zu wem hatten Sie wichtige emotionale Beziehungen, und wodurch wurden diese Beziehungen beendet? Was fanden Sie in den einzelnen Beziehungen an Ihrem Partner attraktiv? Wie kamen Sie miteinander aus, und wie befriedigend war das sexuelle Zusammensein? – Hierbei spielen die Bereiche von Liebe und emotionaler Wärme oft eine bedeutendere Rolle als das Sexualleben.

Schließlich bekommen die Patienten mehrere Fragebogen, die sich als sehr hilfreich erwiesen haben. Einer davon (der sog. Willoughby-Fragebogen) erfaßt das Ausmaß der neurotischen Verhaltensweisen, vor allem in sozialen Zusammenhängen. Werden dabei besondere Antwort-Tendenzen sichtbar, so ist es angebracht, in diesen Bereichen genauer nachzufragen. Wenn also z. B. aus den Antworten eine deutliche Empfindlichkeit gegenüber Kritik erkennbar ist, sollte der Therapeut versuchen, herauszufinden, ob diese Empfindlichkeit mit dem Inhalt der Kritik oder der Person, die diese Kritik übt, zusammenhängt.

Charakteristisches Merkmal der Befragung durch den Therapeuten ist dabei seine freundlich akzeptierende, der Angst entgegenarbeitende Haltung. Er wird keinerlei Kritik am Patienten üben – und doch jede unberechtigte Selbstkritik korrigierend zu klären versuchen.

Die folgenden Auszüge stammen aus dem Erstgespräch mit der Patientin Carmen, einer 21jährigen Röntgenassistentin mit sozialen Ängsten.

Dr. W.: »Was führt Sie zu mir?«

Carmen: »Ich bin immer so unruhig und nervös.«

Dr. W.: »Seit wann ist das so?«

Carmen: »Seit meinem vierzehnten Lebensjahr.«

Dr. W.: »Heißt das, daß Sie vor Ihrem vierzehnten Lebensjahr nicht nervös waren?«

Carmen: »Doch, eigentlich schon, aber nicht so extrem. Ich erinnere mich an die Grundschule, wo ich immer sehr unruhig war, wenn ich vor der Klasse etwas vorlesen sollte.«

Dr. W.: »Was geschah damals?«

Carmen: »Als ich in der siebten Klasse war, sollte ich vor der Klasse etwas vorlesen.«

Dr. W.: »Und?«

Carmen: »Ich hielt das Blatt und fing an zu zittern. Als der Lehrer mich fragte, was denn los sei, konnte ich nicht einmal mehr antworten. Seit dieser Zeit hatte ich immer große Schwierigkeiten, wenn ich etwas vorlesen sollte. Ich war einfach zu nervös und starrte immer nur auf das Papier.«

Dr. W.: »Das heißt, nach diesem Vorfall wurde es immer schlimmer?«

Carmen: »Genau. Als ich in der Oberschule war, konnte ich manchmal nächtelang nicht schlafen, wenn ich vor der Klasse frei sprechen sollte.«

Dr. W.: »Und wie war es außerhalb der Schule?«

Carmen: »Ich war immer sehr nervös, wenn ich mit Jungen ausging, und geriet in Panik, wenn ich mit jemandem verabredet war, den ich nicht kannte.«

Dr. W.: »Und wie war es, wenn Sie denjenigen schon kannten?«

Carmen: »Na ja, anfangs war ich etwas aufgeregt. Meine Nervosität hat sich nie ganz gelegt.«

Dr. W.: »Und wenn Sie mit Freundinnen ausgingen?«

Carmen: »Dann ging's eigentlich.«

Dr. W.: »Wann haben Sie die Schule abgeschlossen?«

Carmen: »Vor vier Jahren.«

Dr. W.: »Was haben Sie danach gemacht?«

Carmen: »Ich wurde Röntgenassistentin.«

Dr. W.: »Arbeiten Sie gerne in Ihrem Beruf?«

Carmen: »Eigentlich nicht. Erst dachte ich, es könnte interessant werden, aber dann hat mich alles nur aufgeregt. Ich habe Angst, mit den Patienten umzugehen.«

Dr. W.: »Sind Sie in den vier Jahren, in denen Sie Ihren Beruf ausüben, unruhiger geworden, oder ist es so geblieben wie früher?«

Carmen: »Es ist auf jeden Fall schlimmer geworden.«

Dr. W.: »Das heißt: Patienten machen Sie immer noch nervös.«

Carmen: »Ja, und vor allem mein Chef!«

Dr. W.: »Aha!«

Carmen: »Der besonders. Ich hab' richtig Angst vor ihm.«

Dr. W.: »Weswegen? Macht er sich an Sie ran, oder wird er laut?«

Carmen: »Nein, das nicht, aber ich habe ständig Angst, er könnte es tun.«

Dr. W.: »Ach so; gibt es sonst noch jemanden, der Sie besonders beunruhigt?«

Carmen: »Männer ganz allgemein, besonders wenn ich mit ihnen ausgehe.«

Dr. W.: »Wie sieht das denn bei Männern aus, die Sie während der Arbeit aufsuchen, zum Beispiel Medizinstudenten?«

Carmen: »Die regen mich auch auf.«

Dr. W.: »Inwiefern?«

Carmen: »Ich bin unruhig, weil ich nicht weiß, wie ich mich verhalten soll, und dann habe ich Angst, sie würden meine Unsicherheit merken.«

Dr. W.: »Nun gut, das betrifft also Ihren Arbeitsbereich. Gibt es etwas außerhalb Ihrer Arbeit, etwas, das beunruhigt?«

Carmen: »Ja, überhaupt rauszugehen. Ich habe Angst, man könnte mir meine Unsicherheit ansehen. Und ich habe Angst, überhaupt aus mir herauszugehen, weil ich Angst habe, daß ich dann zu zittern anfange und den Mund nicht aufkriege. Und ich habe Angst, Leuten direkt in die Augen zu sehen.«

Dr. W.: »Ist das nur bei Ihren Begleitern so oder grundsätzlich bei allen Leuten?«

Carmen: »Bei allen.«

Dr. W.: »Das heißt, sobald Sie jemandem gegenüberstehen und ihn anschauen, nimmt Ihre Unruhe zu.«

Carmen: »Ja.«

Dr. W.: »Stellen Sie sich einmal vor, Sie gehen die Straße entlang. Auf der gegenüberliegenden Straßenseite sitzen Leute auf einer Bank und warten auf den Bus. Die Leute gucken einfach nur so rum. Sind Sie sich ihrer Gegenwart bewußt?«

Carmen: »Ja, klar!«

Dr. W.: »Auch wenn sie Sie gar nicht direkt anschauen?«

Carmen: »Ja.«

Dr. W.: »Gut, nehmen wir alle Personen weg. Stellen Sie sich vor, Sie gingen ganz allein im Park spazieren. Sie sind wirklich ganz allein. Wie fühlen Sie sich?«

Carmen: »Gut.«

Dr. W.: »Und wie sieht es mit den Leuten zu Hause aus?«

Carmen: »Zu Hause stören sie mich nicht.«

Dr. W.: »Ihre Mutter kann Sie anschauen, solange sie will?«

Carmen: »Ja, ich weiß, es klingt verrückt, aber . . .«

Dr. W.: »Keineswegs. Aber so haben sich die Dinge eben entwickelt.«

Carmen: »Ja, ist mir schon klar.«

Dr. W.: »Wer kann Sie noch alles anschauen, ohne Sie zu beunruhigen?«

Carmen: »Meine ganze Familie.«

Dr. W.: »Wer lebt alles in Ihrer Familie?«

Carmen: »Mein Vater, meine Mutter, meine Schwester und meine Großmutter.«

Dr. W.: »Gibt es außer diesen Personen noch irgend jemanden, der Sie anschauen kann, ohne Sie zu verunsichern?«

Carmen: »Nein.«

Dr. W.: »Selbst wenn es ein ganz kleines Kind ist?«

Carmen: »Nein, das stört mich nicht, auch wenn es eine ältere Person ist, macht es mir nichts aus.«

Dr. W.: »Und ein vierjähriger Junge?«

Carmen: »Nein, auch nicht, erst Jugendliche.«

Dr. W.: »Bei welchem Alter setzen Sie die Grenze?«

Carmen: »Etwa . . . Teenager.«

Dr. W.: »Verstehe ich das richtig, daß Sie ein zwölfjähriger Junge weniger aufregt als ein achtzehnjähriger?«

Carmen: »Ja, stimmt.«

Das vorliegende Gespräch veranschaulicht die Sorgfalt, mit der man die präzisen Merkmale der störenden Situation herauszuarbeiten versucht. Durch meine Fragen erfuhr ich, daß diese junge Frau seit ihrem vierzehnten Lebensjahr massive Ängste vor den Blicken Fremder empfand. Diese Ängste wurden stärker, sobald sie irgendeine Tätigkeit in Gegenwart anderer verrichtete. Ihre Empfindlichkeit hatte im Laufe der Jahre derartig zugenommen, daß sie jetzt bereits ängstlich reagierte, wenn sie sich auch nur beiläufig beobachtet fühlte, wie das z. B. im Straßenbild der Fall ist. Dabei wurde sie durch die Anwesenheit von Männern mehr beunruhigt als von Frauen – insbesondere wenn Erotik mit ins Spiel kam. Zudem wurde ihre Angst bei direktem Augenkontakt gesteigert. Die einzigen Personen, deren Blicke sie nicht beunruhigten, waren ihre Familienmitglieder, sehr junge und sehr alte Menschen. Es läßt sich also eine deutliche Abhängigkeit ihrer Belastungssymptome vom Alter der Person feststellen.

Andere Bereiche, in denen sinnlose Ängste wie Überempfindlichkeit bei Kritik auftauchen, werden durch weitergehende Fragen eruiert. – Inzwischen war auch deutlich geworden, daß ihre eingangs gemachte Feststellung, andauernd in Unruhe zu sein, eine Übertreibung darstellte, denn sie litt keinesfalls unter freiflottierenden Ängsten.

Im allgemeinen besteht die Behandlung der geschilderten Ängste aus systematischer Desensibilisierung. Die übliche Desensibilisierungsprozedur konnte jedoch nicht in meiner Gegenwart erfolgen, da ich als Fremder ja ihren Angstpegel erhöhte. Deshalb zeichnete ich Situationen mit immer stärker verunsicherndem Charakter auf Tonband auf. Der Patientin mußte zusätzlich beigebracht werden, wie sie sich zu Hause ausreichend entspannen konnte. Anschließend war es für die Patientin möglich, sich völlig zu entspannen und gleichzeitig die aufgenommenen Situationen so oft vom Tonband abzuhören, bis ihre Angstgefühle verschwanden. Dies hatte mit jeder Situation in aufsteigender Reihenfolge ihrer Angstzustände zu erfolgen.

Die Analyse einer Angst, in Ohnmacht zu fallen

Ellen war eine vierzigjährige Hausfrau, deren Leben von der Furcht, in Ohnmacht zu fallen, bestimmt wurde. Die Bedingungen ihrer Angst wurden im Laufe des nachfolgenden Gespräches aufgedeckt. Im Zusammenhang mit dieser »Ohnmachtsangst« standen weitere soziale Ängste, die – wie sich später herausstellte – nichts mit ihrer Furcht, ohnmächtig werden zu können, zu tun hatten.

Dr. W.: »Was haben Sie für Sorgen?«

Ellen: »Ich habe Angst, plötzlich ohnmächtig zu werden.«

Dr. W.: »Seit wann besteht diese Angst bei Ihnen?«

Ellen: »Seit meinem siebzehnten Lebensjahr.«

Dr. W.: »Sind Sie bereits einmal ohnmächtig geworden?«

Ellen: »Nein, so komisch es auch klingt – bisher noch nie.«

Dr. W.: »Können Sie sich erinnern, wie das alles anfing?«

Ellen: »Zum erstenmal, als ich mit siebzehn im Ostergottesdienst war. Ich fühlte mich irgendwie benommen und bin
aus der Kirche gegangen. Danach dachte ich, es könne
immer wieder passieren. Ich erinnere mich noch, wie
mich meine Eltern zu unserem Hausarzt schickten, aber
der konnte trotz vieler Untersuchungen nicht das geringste feststellen. Schließlich meinte er, meine Mandeln
könnten daran schuld sein, weil sie auf das Innenohr
drückten. Deswegen wurden mir die Mandeln rausgenom-
men, aber ich hatte immer noch Angst.«:

Dr. W.: »Haben Sie ständig Angst, ohnmächtig zu werden?«

Ellen: »Nein, nicht immer. Aber wenn ich mich in einer Kirche oder mitten in einer Gruppe von Leuten befinde,
achte ich darauf, daß ich mich in der Nähe des Ausgangs
aufhalte.«

Dr. W.: »Heißt das, daß Sie sich nur bei Menschenansammlungen – wie das ja in Kirchen der Fall ist – unwohl fühlen?«

Ellen: »Im allgemeinen, ja.«

Dr. W.: »Diese Angst, ohnmächtig zu werden, haben Sie
also nicht, wenn Sie zu Hause sind?«

Ellen: »Nein.«

Dr. W.: »Und wie sieht es aus, wenn Sie bei Ihren Freunden
zu Besuch sind?«

Ellen: »Nun, ich spiele öfters mit Freunden Karten, und
manchmal fühle ich mich dabei unwohl.«

Dr. W.: »Können Sie genauer sagen, wann das vorkommt –
und wann nicht?«

Ellen: »Nein, ich weiß es nicht genau.«

Dr. W.: »Können Sie irgendwelche Begleitumstände angeben, die immer dann auftreten, wenn Sie sich bei Ihren Freunden unwohl fühlen?«

Ellen: »Nein, cigentlich nicht.«

Dr. W.: »Nun gut; können Sie sich vorstellen, wie dieses Ohnmächtigwerden vonstatten gehen könnte?«

Ellen: »Da ich das noch nie erlebt habe, fällt es mir schwer, mir das vorzustellen. Manchmal fühle ich mich schwach, habe zittrige Knie und feuchte Hände.«

Dr. W.: »Und was, meinen Sie, könnte anschließend passieren?«

Ellen: »Ich habe keine Ahnung. Vielleicht, daß ich einfach umfalle. Aber ich überlege gerade, wie es angefangen haben könnte. Als ich fünf Jahre alt war, hatte ich eine Augenoperation, und meine Eltern durften mich danach nicht im Krankenhaus besuchen. Das hatte ich vorher nicht gewußt.«

Dr. W.: »Und?«

Ellen: »Ich weiß noch genau, wie ich angstschlotternd im Krankenhaus abgeliefert wurde. Ein paar Stunden später sagte ein Junge zu mir: ›Aha, das Nachthemd, das du da anhast, bedeutet, daß du gleich operiert wirst.‹ – Und dann kann ich mich noch lebhaft an den Äther erinnern. Genauso fühle ich mich auch manchmal. – Seitdem habe ich Betäubungsmittel immer abgelehnt.«

Dr. W.: »Wie fühlten Sie sich denn, als der Junge sagte, Sie würden operiert werden?«

Ellen: »Ich war total geschockt. Wie Sie ja wissen, gab es damals noch keine Spritze, bevor man in den Operationssaal kam.«

Dr. W.: »Hat man Ihnen nicht gesagt, daß Sie operiert werden sollten, als man Sie ins Krankenhaus brachte?«

Ellen: »Nein.«

Dr. W.: »Und als der Junge es Ihnen dann sagte, waren Sie ganz durcheinander?«

Ellen: »Ja.«

Dr. W.: »Können Sie noch angeben, wo das, war?«

Ellen: »Das war im Anästhesieraum. Ich sehe noch die vielen Flaschen an der Wand stehen, und dann sagte mir jemand, ich solle in ein Gerät atmen.«

Dr. W.: »Haben Sie sich dagegen gewehrt?«

Ellen: »Ich weiß nicht mehr.«

Dr. W.: »Habe ich Sie richtig verstanden, als Sie sagten, daß die damalige Erfahrung ein ganz ähnliches Gefühl auslöste, wie Sie es heute manchmal verspüren?«

Ellen: »Ja, genauso ist es.«

Dr. W.: »In welcher Hinsicht?«

Ellen: »Es ist ein Gefühl, als wenn ich zu Eis würde, so ein leichtes Schwindelgefühl – und die Geräusche werden lauter.«

Dr. W.: »Einige Augenblicke vorher sagten Sie mir, Sie könnten an Ihren wackeligen Knien und feuchten Händen merken, wann das Ganze irgendwie losgeht.«

Ellen: »Ja.«

Dr. W.: »Welche anderen Gefühle treten noch auf?«

Ellen: »So ein Gefühl der Benommenheit.«

Dr. W.: »Handelt es sich dabei um ein ähnliches Gefühl wie damals, als Sie als Fünfjährige so geschockt waren?«

Ellen: »Ja – aber es ist doch nicht so wie einfach schwindelig sein, es ist eher so, als ob alles durcheinandergeht. Ich kann das so schlecht erklären.«

Dr. W.: »Nun gut. Dann haben Sie noch gesagt, daß diese Schwindelgefühle wieder auftauchten, als Sie siebzehn waren und den Ostergottesdienst besuchten.«

Ellen: »Ja.«

Dr. W.: »Bei welchen Gelegenheiten trat dieses Schwindelgefühl denn noch auf?«

Ellen: »Eben in Situationen, wo viele Menschen sind.«

Dr. W.: »Mit anderen Worten, Sie fühlen sich schwindelig, wenn Sie in einen Raum kommen, in dem sich viele Menschen befinden?«

Ellen: »Ja; aber wenn ich an der Tür stehe, geht's mir gut.«

Dr. W.: »Und wenn Sie merken, wie Ihnen langsam schwindelig wird, denken Sie, Sie könnten bewußtlos werden?«

Ellen: »Ja.«

Dr. W.: »Haben Sie jemals Angst gehabt, ohne daß Ihnen schwindelig wurde?«

Ellen: »O ja, das geht mir den ganzen Tag so, wenn ich morgens an all die Dinge denke, die ich tun muß.«

Dr. W.: »Aha!«

Ellen: »Ist das nicht verrückt?«

Dr. W.: »Keineswegs, es ist halt so eine Angewohnheit von Ihnen. Woran denken Sie wirklich, wenn Sie die Dinge Revue passieren lassen, die Sie tagsüber erledigen müssen? Sind da vielleicht Situationen dabei, die Sie in irgendeiner Weise gefährden könnten?«

Ellen: »Ja, das stimmt.«

Dr. W.: »Überlegen Sie mal, was Ihnen an einer Menschenmenge besonders unheimlich erscheint.«

Ellen: »Daß ich nicht so einfach flüchten kann.«

Dr. W.: »Gibt es außer Menschenmengen noch andere Situationen, die Ihnen angst machen?«

Ellen: »Ja – manchmal beim Autofahren, wenn ich mit den Nachbarn einkaufen fahre und dabei auf dem Rücksitz sitzen muß. Wenn ich allein im Auto sitze, ist alles in Ordnung.«

Dr. W.: »Haben Sie dann auch Angst, bewußtlos zu werden?«

Ellen: »Ja.«

Dr. W.: »Und in anderen Situationen?«

Ellen: »Wenn in unserem Schwimmverein viele Leute um mich herum schwimmen oder tauchen.«

Dr. W.: »Auch dann müssen Sie daran denken, Sie könnten plötzlich bewußtlos werden?«

Ellen: »Ja, auch dann.«

Dr. W.: »Ist Ihre Angst, ohnmächtig zu werden, das einzige schwerwiegende Problem in Ihrem Leben?«

Ellen: »Ja, das würde ich sagen.«

Dr. W.: »Und wenn wir dieses Problem nun aus der Welt schaffen würden?«

Ellen: »Oh, das wäre herrlich.«

Es schien offensichtlich, daß Ellen vor zwei Dingen Angst hatte: Einmal ängstigte sie sich vor Menschenmassen bzw. ängstigte sich in zunehmendem Maße vor der Nähe zu anderen Leuten, Leuten, die außerhalb ihrer Familie standen. Erst in der Nähe des Ausgangs fühlte sie sich sicher, d. h., wenn eine Fluchtmöglichkeit bestand. Als zweites hatte sie Angst vor einer Reihe von Symptomen, vor allem Schwindelgefühlen, die bei ihr das Gefühl, ohnmächtig zu werden, auslösten (was sich wiederum beängstigend auf sie auswirkte). Später stellte sich heraus, daß Ellen vor allem Angst hatte, vor Fremden bewußtlos oder auch nur hilflos gesehen werden zu können. Hier spielte die früher mit Betäubungsmitteln gemachte Erfahrung eine Schlüsselrolle.

Bei den folgenden ausgiebigen Befragungen wurden weitere Bereiche sinnloser Ängste aufgedeckt, wie beispielsweise die Angst vor Verletzungen oder die Angst, andere Leute ohnmächtig werden zu sehen. In allen genannten Bereichen konnte eine Behandlung mittels systematischer Desensibilisierung vorgenommen werden, so daß bereits nach sechzehn Sitzungen ihr Wohlbefinden wiederhergestellt und die Therapie beendet war. Einige Zeit später schrieb mir Ellen, daß sie mittlerweile imstande sei, verschiedene Aktivitäten, die sie früher in Unruhe versetzt hatten, mit Leichtigkeit zu bewältigen. So konnte sie beispielsweise die Kinder chauffieren, wohin auch immer sie wollten, ohne sich dabei von Verkehr oder Ampeln ablenken zu lassen. Ebenso fahre sie mittlerweile ohne ihren Mann einkaufen, ließe öfter mal das Auto stehen, wenn sie zu naheliegenden Geschäften wollte, und besuchte öfters öffentliche Veranstaltungen. Minimale Ängste würden sie jetzt lediglich befallen, wenn sie sich in riesigen Einkaufszentren oder großen Schulversammlungen aufhalte.

Ein Jahr später berichtete sie, daß sie ihre Probleme mittlerweile völlig in den Griff bekommen habe. – Dies war insofern kaum verwunderlich, als auch die zunächst noch weiterbestehenden Ängste zu schwach waren, um gegen die vielen positiven Erlebnisse in den geschilderten Alltagssituationen bestehen zu können.

Einige Schwierigkeiten bei einer Verhaltensanalyse

Die beiden Interviews zeigen, wie Ursachen und Auslöser von Ängsten genau beschrieben und eingegrenzt werden können. Die Ausgangssituationen wurden zunächst von beiden Patientinnen recht genau dargestellt. Die wirklichen Ursachen von Ängsten oder Verhaltensstörungen stellten sich jedoch meist anders dar, als sie die Patienten selbst sehen. So muß beispielsweise eine Angst *in* einer bestimmten Situation nicht notwendigerweise *durch* diese Situation ausgelöst werden, sondern vielmehr durch einen Umstand, der in enger Beziehung zu dieser Situation steht. – Wenn jemand berichtet, er habe Angst vor dem Fliegen, so kann das bedeuten, daß er in Wirklichkeit Angst vor dem Eingeschlossensein im Flugzeug hat – und das kann wieder bedeuten, daß er auch in vergleichbaren Situationen, wie dem Eingeschlossensein in Fahrstühlen oder anderen engen Räumen, Angst hat. Ähnlich verhält es sich mit dem Gefühl der Einsamkeit, das an sich nicht angstauslösend sein muß, sondern nur als Rahmen für die wahre Ursache der Angst dienen kann, die ihrerseits aus der Angst vor völliger Stille – oder auch der Angst vor unerwünschten Eindringlingen – bestehen mag.

Es muß sich jedoch nicht immer um eine äußerliche Ähnlichkeit von Situationen und angstauslösenden Bedingungen handeln. Hier kommen – neben Ähnlichkeiten bezüglich Farb- oder Formaspekten – auch gleiche Assoziationen bezüglich des Gefühlsaspektes, der hier zum auslösenden Reiz wird, hinzu. Das oben geschilderte Gefühl des Eingeschlossenseins kann bei ein und derselben Person sowohl durch den Aufenthalt in beengenden Räumlichkeiten, durch schwer entfernbaren Nagellack als auch durch das Liegen unter einem straff gespannten Bettuch hervorgerufen werden. Die drei Situationen sind von ihrer physikalischen Beschaffenheit her völlig verschieden, verursachen aber alle das gleiche Gefühl des Beengtseins, das wiederum die Angst zur Folge hat. Die betreffende Person reagiert also auf ihr *Gefühl* mit Angst – nicht etwa auf eine »äußerliche« Situation.

Bei einigen Ängsten bleiben die wahren Ursachen verborgen. Als typisches Beispiel kann die »Hausfrauenkrankheit« Agoraphobie gelten. Das griechische Wort *Agoraphobie* bedeutet wortwörtlich »Angst vor offenen Marktplätzen«. Etwas weiter gefaßt, wird es heute mit »Angst unter freiem Himmel« übersetzt, beinhaltet im weiteren Sinne aber auch die Angst, sich von einer beschützenden Person zu trennen. Die betroffene Person empfindet in zunehmendem Maße Angst, je mehr sie sich von einem »sicheren« Platz (im allgemeinen der Wohnung) oder einer »sicheren« Person (im allgemeinen dem Ehegatten) entfernt. (Es kommt auch vor, daß eine ganze Reihe von »sicheren« Personen – Verwandte, Freunde etc. – existieren.) – Hält der Therapeut die offen zutage tretenden Angstgefühle für ausschlaggebend, so wird er den Patienten über die Desensibilisierung zu immer größeren zeitlichen und räumlichen Trennungen vom Zuhause veranlassen. So könnte er die Angst des Patienten langsam abbauen, indem er ihm im Zustand der Entspannung suggeriert, sich erst zehn, dann zwanzig, schließlich fünfzig Meter und mehr von zu Hause zu entfernen. Tatsächlich aber ist dieses Vorgehen nur in den seltensten Fällen erfolgversprechend, weil eben nur zehn bis fünfzehn Prozent der Agoraphobiker an einer räumlichen Trennungsangst leiden.

In den meisten Fällen von Agoraphobie ergibt die Untersuchung eine andere Angstursache. So stellt man beispielsweise fest, daß der Patient sich vor einer unrealistischen körperlichen Erkrankung fürchtet: Sobald er einen Schmerz in der Brust spürt, glaubt er, einen Infarkt zu erleiden. Folglich ist der Grund, aus dem er Angst hat, sich vom Zuhause zu entfernen, die Angst, keine sofortige Hilfe erhalten zu können, wenn er die Schmerzen in der Brust empfindet. Eine Desensibilisierung mit dem Ziel einer immer größeren angstfreien Entfernung von zu Hause würde folglich das Problem nicht lösen.

Er hat zwar Angst, sich von seinem Heim zu entfernen, dies ist aber ein *sekundäres* Problem. Die Therapie sollte sich vielmehr auf den Schmerz in seiner Brust konzentrieren. Als erstes wäre es nötig, ihn davon zu überzeugen, daß er weder an einer Brustkorb- noch an einer Herzerkrankung leidet. Stellen sich weiterhin Angstreaktionen auf den Schmerz ein, so wäre der Patient über den Weg der Desensibilisierung einer Besserung zuzuführen. Dies könnte z. B. geschehen, indem er sich im Zustand tiefster Entspannung vorstellt, einen bestimmten Schmerz an einer vom Brustkorb entfernteren Region – z. B. dem Unterleib – zu spüren, und sich im Folgenden schrittweise der kritischen Stelle im Brustkorb nähert.

Bei anderen Fällen von Agoraphobie weigert sich der Patient, sein Heim zu verlassen, weil er Angst hat, draußen bestimmten Menschen oder Dingen zu begegnen – Verrückten, Autos, der Polizei, kaltschnäuzig dreinblickenden Leuten, die ihn einschüchtern wollen.

Die häufigste Version der Agoraphobie kommt allerdings bei unglücklich verheirateten Ehefrauen vor, die sich hilflos und verunsichert fühlen. Sie besitzen meist nur ein geringes Selbstwertgefühl und sind nicht in der Lage, für ihre eigenen Interessen einzutreten. Am Ende einer langen und verworrenen Ehegeschichte entwickeln sie dann schließlich Trennungsängste. Die betroffenen Frauen werden im allgemeinen leicht entmutigt und fühlen sich oft frustriert. Ebenso sind sie außerstande, eigene Entscheidungen zu fällen oder sich gegenüber anderen Personen zu behaupten. Sie heiraten, um sich an jemanden anlehnen zu können – was zumeist nicht gerade für eine gute Partnerwahl spricht. Im Laufe der Ehejahre werden sie immer mehr ernüchtert, während positive Veränderungsansätze ausbleiben. Daraus entwickelt sich ein immer stärkerer Trennungswille – die entsprechenden Taten bleiben jedoch aus, da sie sich aufgrund ihrer fehlenden Selbstsicherheit fürchten, trotz massiver Ablehnung des Ehegatten dessen »Schutz« zu verlieren. Oft haben sie zusätzlich Angst, von Familie oder Freunden verurteilt zu werden, wenn sie auf solche Weise »die Familie aufgeben«. Trotzdem träumen diese Frauen oft davon, von den Fesseln ihrer Ehe befreit zu sein. Die verlockenden Vorstellungen rufen jedoch gleichzeitig Angst hervor. Je mehr sie sich ihren Phantasien hingeben, desto stärker werden sie von Angstvorstellungen heimgesucht. Dadurch wird es ihnen immer schwerer, aus der Ehe auszubrechen. Sobald die Angst ein bestimmtes Ausmaß erreicht hat, wird sie auch auf andere Bereiche übertragen. Von der Vorstellung, *sozial* allein gelassen zu sein, ist der Schritt nicht weit, sich auch *räumlich* allein zu fühlen.

Eine andere – vielleicht noch häufigere – Version der Agoraphobie entwickelt sich bei Frauen mit ständig erhöhtem Angstpegel. Kommt eines Tages – z. B. bei einer Autofahrt – zufällig ein Gefühl von Benommenheit oder stärkeres Herzklopfen hinzu, so kann sich dies zu einem panikartigen Zustand aufschaukeln. Andere Frauen ohne diese permanente Angstbereitschaft wären davon vielleicht nur leicht beunruhigt. So aber wird das Panikgefühl mit dem Umstand, gerade vom Zuhause entfernt zu sein, in kausale Verbindung gebracht – und das Erlebnis, vom Zuhause entfernt zu sein, wird zum Auslöser der Panik. Je weiter sie sich in Zukunft von ihrem Heim entfernen werden, desto größere Panikreaktionen werden auftreten, und dies wird sich von Mal zu Mal verschlimmern, bis sie schließlich die Angst bereits beim Verlassen des Hauses überfallen wird.

So wird also auf die eine oder andere Weise die Trennungsangst zum entscheidenden Bindeglied mehrerer emotionsgeladener Erlebnisse. Ginge man nur die eine Seite des Problems an und behandelte die betreffende Angst wegen ihrer räumlichen Trennungsangst, so würde die Patientin mit ihren elementaren Ängsten allein gelassen. Sie empfindet zwar eine echte Trennungsangst, aber bevor dieses *sekundäre* Symptom angegangen werden kann, muß das zugrundeliegende Angstgebäude behandelt werden. Der kritische Punkt ist hier die mangelnde Selbstsicherheit, Frustration sowie die Unfähigkeit, mit anderen Menschen – den Ehegatten eingeschlossen – zurechtzukommen. Um diese elementare Fähigkeit zu erlernen, ist ein Selbstsicherheitstraining unabdingbarer Bestandteil der Therapie.

Bei der Agoraphobie ist – wie bei vielen anderen Phänomenen – von Anfang an die Angst das offensichtlich beherrschende Problem, selbst wenn einige Patienten bei der Schilderung ihrer Beschwerden, die Angst als solche, zunächst gar nicht erwähnen. Folglich ist es die Hauptaufgabe der Verhaltensanalyse, die Ursachen der Angst eindeutig zu identifizieren. Immer wieder zeigt auch hier eine eingehende Verhaltensanalyse, daß Ängste meist im Hintergrund verborgen bleiben – wie dies bei sexuellen Schwierigkeiten, Stottern, Spannungskopfschmerz, bestimmten Formen des Asthma oder Depressionen, um nur einige Symptome zu nennen, zu sehen ist (vgl. Kap. I, »Verborgene Ängste«).

Betrachten wir einmal das Stottern. Fragt man einen stotternden Patienten, ob er permanent stottert, so wird er diese Frage mit Sicherheit verneinen. In der gewohnten familiären Umgebung wird er wahrscheinlich weitgehend oder gänzlich fehlerfrei sprechen, sobald er sich jedoch mit bestimmten sozialen Situationen konfrontiert sieht, beginnt er zu stottern. Durch weitere Nachforschungen erfährt man die Einzelheiten, die sein Stotterverhalten bestimmen. Nimmt es zu, sobald sein jeweiliges Gegenüber eine ihm völlig fremde Person ist, oder hängt es von der Anzahl fremder Personen im Raum ab, von deren Alter oder Geschlecht, ihrem Autoritätsverhalten, ihrer Freundlichkeit oder Feindseligkeit? Zwischen Stottern und dem Ausmaß der erlebten Angst besteht jeweils eine enge Beziehung, die durch die jeweilige Situation hervorgerufen wird. Folglich führt eine Behandlung, die die Angst vor fremden Personen abbaut, auch zur Reduktion des Stotterns. In den meisten Fällen ist keine weitere (Sprach-)Therapie vonnöten. Es kommt jedoch auch vor, daß ein Sprachfehler zugrunde liegt, der mit Angst nicht das geringste zu tun hat und durch ein entsprechendes Sprachtraining behoben werden muß.

Wie bereits erwähnt, beruhen die meisten neurotischen Ängste auf direkter Verhaltenskonditionierung, einige auch auf Fehlvorstellungen. Deshalb ist es eine weitere Aufgabe der Verhaltensanalyse, herauszufinden, ob im jeweiligen Fall die Angst eine Folge falscher Vorstellung oder konditionierter Verhaltensgewohnheiten ist.

Wie wir gleich sehen werden, gibt es allerdings auch Fälle, bei denen sowohl falsche Vorstellungen als auch konditioniertes Verhalten zur selben Angst beitragen können.

Petra, 35 J., Bankangestellte, entdeckte eines Tages rötliche Pusteln auf Brust und Schultern. Zunächst schenkte sie ihnen wenig Beachtung, wurde aber durch einen Zeitungsartikel, der ihr zufällig in die Hände fiel, auf eine gefährliche Hautkrankheit namens *Lupus erythematosus* aufmerksam. Schließlich gewann sie die Überzeugung, daß diese Hautkrankheit Ursache ihrer Pusteln war. Nach wenigen Wochen wurde sie mir von ihrem Hausarzt wegen ihrer selbstzerstörerischen Ängste überwiesen.

Nachdem ich mir ihre Geschichte angehört hatte, schickte ich sie sofort zum leitenden Dermatologen der Klinik. Seine Untersuchungen ergaben, daß ihre Überzeugung zu Unrecht bestand. Er bemühte sich, ihr mit größter Sorgfalt und Geduld die tatsächliche Ursache ihres Ausschlags zu erklären, so daß sie schließlich von dessen Harmlosigkeit überzeugt und grenzenlos erleichtert war. Trotzdem tauchte der Ausschlag von Zeit zu Zeit wieder auf. Obwohl sie mittlerweile von seiner Gutartigkeit überzeugt war, regte sie sich doch immer wieder auf.

Aus rein logischen Gesichtspunkten hätte sie eigentlich
keine Angst mehr haben sollen. Weshalb also wurde sie weiterhin von den roten Pusteln so beunruhigt? Die Antwort
führt uns zurück ins Kap. III, wo wir gesehen haben, wie die
Angst zur Gewohnheit werden kann. Sobald sich – aus welchem Grund auch immer – ein größeres Ausmaß an Angst
summiert hat, tendiert die auslösende Situation (die auslösenden Objekte, Personen etc.) dazu, immer angstbesetzt zu
bleiben. Sie hat damit die Macht erlangt, ihrerseits Angst
auslösen zu können. Bei Petra waren es ihre irrtümlichen
Vorstellungen über die Ursache ihrer Pusteln, die ihre Angst
auslösten. Erst dann kam sie in das Stadium, in dem die
Angst durch den *Anblick* der Pusteln ausgelöst wurde. Bevor
also ihre falschen Vorstellungen beseitigt werden konnten,
hatte sie ihre Angst schon mit dem *Anblick* des Ausschlags
verknüpft. Damit war letzterer in der Lage, Angst auch ohne
damit verbundene beunruhigende Vorstellungen verursachen zu können. Folglich erforderte der erste Behandlungsschritt, Petras Denkgewohnheiten zu ändern – und erst anschließend eine Desensibilisierung ihrer Verhaltensgewohnheiten, die aus den Denkgewohnheiten hervorgegangen
waren.

Depressionen

Depressionen sind heutzutage sehr verbreitet. Bemerkenswert ist gleichzeitig das Ausmaß an Unsinn, der darüber gesagt oder geschrieben wurde. So kommt es öfters vor, daß
jemand die Lösung des Problems »Depression« für sich in
Anspruch nimmt. In Wirklichkeit handelt es sich jedoch
nicht um ein einziges eingrenzbares Problem, sondern vielmehr um völlig verschiedene Symptome, denen man gemeinhin das Etikett »Depression« angeheftet hat. Um wel

che Art von Depression es sich jeweils handelt, kann erst eine eingehende Verhaltensanalyse ergeben. '

Man unterscheidet grundsätzlich drei verschiedene Arten von Depressionen. Eine davon ist die »normale« oder situationsbezogene Depression. Jemand kann deprimiert sein, weil er eine Prüfung nicht bestanden hat, weil er ein Jahr in der Schule wiederholen muß, weil ein guter Freund gestorben ist. Bei weniger wichtigen Angelegenheiten wird er auch weniger deprimiert sein, wie z. B., wenn er merkt, daß seine unnötig schroffen Worte eine andere Person sehr verletzt haben. Es handelt sich hierbei um durchaus angemessene Gefühlsreaktionen, die durch entsprechende Ereignisse ausgelöst werden und gewöhnlich nach Stunden, Tagen oder Wochen – je nachdem, wie schnell man sich den veränderten Lebensbedingungen anpaßt – wieder nachlassen und verschwinden. Solch eine »normale« Depression kann auch über einen längeren Zeitraum anhalten, wenn z. B. ein Familienmitglied an einer langwierigen Krankheit leidet oder ständig Geldsorgen vorhanden sind. Obwohl also einige Depressionen schwer und langwierig sind, können sie »normal« sein, weil sie ihre berechtigten Ursachen in Ereignissen der Wirklichkeit haben.

Die anderen beiden Arten von Depressionen sind dagegen »anormal«. Dies ist bei Depressionen der Fall, die nicht in Beziehung zu einem erlittenen Verlust oder dem eigenen Versagen stehen oder deren Intensität oder Dauer im Vergleich zu den auslösenden Ereignissen übertrieben sind. »Biologische« oder endogene Depressionen können vielfältige Ursachen haben. Bei länger andauernden Fällen spricht man dann von einer manisch-depressiven Erkrankung, die sowohl »himmelhoch jauchzende« wie »zu Tode betrübte« Phasen aufweist. Daneben existiert auch die rein depressive Erkrankung. Andere mögliche Ursachen reichen von Unregelmäßigkeiten des Menstruationszyklus über die Auswirkung von Medikamenten bis zu den Nachwirkungen grippaler Infekte. Eine endogene Depression kann sowohl mit als auch ohne belastende äußere Umstände einhergehen. Hierzu gibt es die verschiedensten physiologischen Untersuchungsmethoden, mit denen eine endogene Depression diagnostiziert werden kann. Diese Depression wird u. a. durch morgendliches frühes Erwachen, Schuldgefühle sowie gebremsten Bewegungsablauf gekennzeichnet.

Lediglich bei der dritten Art, der neurotischen oder reaktiven Depression, ist eine Verhaltenstherapie angebracht, weil diese Depressionen auf sinnlosen Ängsten beruhen. Am Anfang meiner therapeutischen Arbeit habe ich das Wort Depression in meinen Aufzeichnungen immer in Anführungszeichen gesetzt, weil ich feststellte, daß, sobald die Quelle der Angst beseitigt worden war, auch die reaktive Depression als solche verschwunden war. Die Stärke dieser Depression wird wiederum durch das Ausmaß an Angst bestimmt, die die betreffende Person empfindet. Beispiele dazu werden wir im folgenden Kapitel betrachten.

Die Komplexität und Genauigkeit der Verhaltensanalyse kann nicht genug betont werden. Eine Behandlung kann ohne sie nicht vonstatten gehen. Trotzdem kann es vorkommen, daß nach einer gewissen Behandlungsdauer aufgrund völlig neuer Informationen eine Änderung der Behandlungsmaßnahmen notwendig erscheint – wie wir im folgenden Kapitel sehen werden.

IX.
Einige kompliziertere Fälle

Komlexe Fälle sind eher die Regel als die Ausnahme, sie stellen also keineswegs etwas Besonderes dar. Umgekehrt kann man für die klinische Praxis sagen, daß eine einfache Angst, z. B. vor tiefen Abgründen, wie sie eine Patientin anfangs beschreiben mag, nur recht selten das einzige Problem ist und bleibt. Von vornherein weiß man nie, ob das Problem so eng umrissen bleibt, wie es der Patient am Anfang dargestellt hat. Deshalb ist auch eine ausführliche Verhaltensanalyse unbedingt notwendig. Besonders bei schwierigeren Fällen ergibt sich aufgrund der Verhaltensanalyse meist ein ganz anderes Bild des Problems, als es vom Patienten zu Beginn dargestellt wurde.

Kommen dann im Laufe der Zeit immer mehr Informationen dazu, so nimmt die genauere Struktur der sinnlosen Ängste langsam Gestalt an, und daraus ergibt sich eine klar umrissene, therapeutische Behandlungsmethode. Nur selten einmal wird diese im Verlauf der Sitzungen aufgrund neuer, unerwarteter Erkenntnisse geändert. Diese Erkenntnisse müssen dann keineswegs aus der Lebensgeschichte des Patienten herrühren – viel wahrscheinlicher sind sie den alltäglichen Ereignissen und Veränderungen zwischen den einzelnen Sitzungen zuzuschreiben.

Im folgenden Kapitel wollen wir uns also ausführlich mit der Analyse und Behandlung mehrerer komplexer Fälle befassen. Alle veranschaulichen, wie ein zunächst augenscheinlich einfaches Problem viel mehr Aspekte und Hintergründe beinhalten kann. Auch hier zeigt sich wieder, in welchem Ausmaß der Behandlungserfolg von einer genauen Verhaltensanalyse und der Fähigkeit des Therapeuten, eine geeignete Therapiemethode auszuwählen, abhängt.

Angst und Depression

Alice, 34 J., geschieden, Lehrerin, klagte über anhaltende Ängste und schwere Depressionen, die ihr jegliche Lebensfreude nahmen. Ihre Problemgeschichte hatte vor sieben Monaten begonnen, als sie nach einer Narkose mehrere Angstanfälle bekommen hatte, die von Atemschwierigkeiten begleitet wurden. Schließlich plagte sie der fürchterliche Gedanke, sie könne ihre Atmung nicht mehr beeinflussen, und so entwickelte sich aus den einzelnen Angstanfällen langsam ein durchgängiger Angstzustand, der von starken Krankheits- und Todesängsten begleitet wurde.

Aus den verschiedensten Gründen heraus hielt sie es für einleuchtend, daß ihre Probleme von den Folgen der Narkose herrühren könnten. Im Alter von zwei Jahren hatte sie bereits eine blutige Mandeloperation hinter sich gebracht, die sie sehr mitgenommen hatte. Später, als ihr mit 23 Jahren die Weisheitszähne gezogen wurden, hatte sie verbissen gegen die Narkose angekämpft, aus Angst, sie könne ersticken. Seitdem hatte sie bei den verschiedensten Gelegenheiten Angst, nicht mehr richtig atmen zu können. Wenn sie beispielsweise unter Wasser schwamm, befürchtete sie immer, sie würde ersticken, bevor sie zur Wasseroberfläche zurückgelangen könne. Die seit sieben Monaten bestehenden Angstanfälle wurden auch von deutlichen Atembeschwerden begleitet. Es gab zweifelsohne seit ihrem zweiten Lebensjahr eine Reihe von Ereignissen, die sich im Laufe der Zeit summierten. Überraschenderweise erbrachte meine Befragung eine ganz andere Problemgeschichte hervor.

Es war etwa ein Jahr her, wo Alice nach einer äußerst langweiligen Party von ihrem nicht weniger langweiligen Begleiter vor ihrer Haustür abgesetzt wurde. In dem leeren Haus überkam sie plötzlich ein Gefühl der Isolation, das sich zur Panik steigerte, als sie ins Bett gehen wollte.

Sie stürzte wieder zurück auf die Straße, stieg in ihr Auto und fuhr zu ihren Eltern und merkte, wie die Angst langsam nachließ.

Sie hatte diesen Vorfall völlig vergessen, als sie sich bald darauf ihrer Operation unterzog. Eine eingehendere Befragung erbrachte nämlich hierbei keinerlei Ängste, nicht *vor* und nicht *nach* der Narkoseverabreichung. Sie bemerkte weder Ängste noch ein Gefühl, nicht atmen zu können, sei es beim Anblick der Gasmaske, dem Zischen des Narkosegases oder als ihr die Maske auf das Gesicht gelegt wurde. Da sie bei der Rückerinnerung an diese Vorgänge keine Angst erlebte, war es auch wenig wahrscheinlich, daß die Narkose sie emotional belastet hatte. In die gleiche Richtung weist auch die Tatsache, daß seit der Operation eine ganze Woche verstrichen war, ehe sie ihren ersten Angstanfall hatte. Obendrein befand sie sich zu dieser Zeit bereits wieder zu Hause. Sie erlebte auch in der Zeit, wo sie sich im Krankenhaus von der Operation erholte, keinerlei Ängste – nicht durch die Krankenschwestern, die medizinischen Geräte, die Krankenhausgerüche, also eigentlich Dinge oder Personen, die ohne weiteres mit einer unangenehmen Narkoseerfahrung hätten in Verbindung gebracht werden können.

Andererseits hatte sie jedoch im Krankenhaus ihr Alleinsein überdeutlich verspürt. Sie erinnerte sich eines ähnlichen Gefühls, als der Mann, der später ihr Ehemann wurde, bei der Geburt ihres Kindes zum Militärdienst eingezogen war. Als sie eine Woche nach der Entbindung wieder zu Hause war, spürte sie als erstes Angst. Um einschlafen zu können, nahm sie eine Valiumtablette, fühlte sich aber nur träge und benommen. Gleichzeitig wurde sie sich ihrer Einsamkeit noch intensiver bewußt und geriet in Panikstimmung. Und dieses panikartige Gefühl tauchte immer wieder dann auf, wenn sie sich nach einigen Schlucken Alkohol benommen fühlte.

Die Einsamkeitsgefühle nahmen zu und wurden schließlich allgegenwärtig, als sie nach einer kurzen Liebesaffäre das enttäuschende Ende auf sich zukommen sah. Schon ein bis zwei Wochen später wurde ihre Angst zu einem ständigen Begleiter, eben weil die Einsamkeit ihr beständig vor Augen stand. Da sie diese Gefühle nicht beeinflussen konnte, kam sie sich noch hilfloser und verletzbarer vor. Gleichzeitig bremste die ständige Angst jegliche positiven Gefühlsäußerungen, wie sie früher in vertrauter Umgebung öfter vorgekommen waren. Ein Ferienaufenthalt mit Freunden auf einem Bauernhof war lange nicht mehr das freudige Ereignis, das es einst gewesen war; am Reisen hatte sie keine Freude mehr; der Gedanke, für ein kleines Kind sorgen zu müssen, machte sie nur noch nervöser. Schließlich dachte sie, sie leide an Geistesstörungen, wodurch sie sich natürlich noch mehr ängstigte und sich an den Rand der Verzweiflung trieb.

Weitergehende Untersuchungen ergaben jedoch, daß das Problem hauptsächlich auf Ängsten vor Sozialkontakt beruhte. Von jeher war sie eine schüchterne Person gewesen, die sich von anderen stark beeinflussen ließ. Der Mangel an Selbstvertrauen führte auch zum Scheitern ihrer Ehe. So war sie u. a. nicht in der Lage, vernünftige Anforderungen an ihren Mann zu stellen und ging auf jegliche Ansprüche ihres Mannes ein, gleichgültig, wie sie sich dabei selbst fühlte. Mit der Zeit hatte sie alle ihre Gefühle unterdrückt, begann ihren Mann abzulehnen und wurde sexuell teilnahmslos. Im Gegensatz zu ihrem harmonischen vorehelichen Intimleben erlebte sie während ihrer sechsjährigen Ehe keinen einzigen Orgasmus. Ihre Selbstunsicherheit war somit ein ausschlaggebender Faktor für ihr zurückgezogenes Leben. Wenn sie jemanden kennenlernte, gab sie zu schnell zu viel von sich preis. Dadurch gab sie ihre ganze Zuwendung jemandem, den sie kaum kannte und erwartete eine entsprechende Gegenreaktion. Das Ergebnis war vorauszuahnen: Jeder mögliche neue Partner wurde abgeschreckt; und da ihre Versuche von vornherein zum Scheitern verurteilt waren, erlebte sie ihre Einsamkeit mit zunehmender Angst.

Innerhalb von neun Monaten führte ich 25 verhaltenstherapeutische Sitzungen mit ihr durch. Dabei nutzte ich ihre täglichen Kontakte zu anderen Leuten, um ihr Selbstvertrauen gegenüber Familienangehörigen und Arbeitskollegen langsam aufzubauen. Sie lernte, sich bei Annäherungen auf höfliche Weise zurückzuhalten und bei unsympathischen Personen auch Ablehnung auszudrücken. Über die Desensibilisierung gelang es ihr, sich auch ohne Partner zu Hause nicht mehr einsam zu fühlen, ihre körperlichen Angstsymptome abzubauen und ihre beunruhigenden Vorstellungen von der Einsamkeit beim Älterwerden und dem Sterben loszuwerden. Sobald diese Hauptängste beseitigt waren, verloren sich auch ihre allgemeineren depressiven Verstimmungen und Angstzustände. Am Ende der Behandlung schätzte sie sich als zu neunzig Prozent geheilt ein. Bei einer Folgeuntersuchung, etwa ein Dreivierteljahr später, zeigten sich weitere Besserungen.

Die erfolgreiche Behandlung ihrer diffusen Ängste und unerklärlichen Depressionen (die auch *existentielle Neurose* genannt werden) geschah über eine Zergliederung ihrer Verhaltensweisen in Einzelkomponenten, die dann mittels der jeweils angemessenen Therapiemethode in Angriff genommen wurden.

Die Angst vor dem Heiraten

Nicht wenige Leute schrecken vor der Ehe zurück. Für einige ist es lediglich Ansichtssache, nicht zu heiraten, andere jedoch haben unbegründete Ängste vor der Heirat. Im allgemeinen besteht dabei eine Angst vor Einengung, vor der Begrenzung der eigenen Möglichkeiten. Diese Angst kann klaustrophobische Züge aufweisen – ähnlich der Angst in Fahrstühlen, dem Eingeschlossensein in engen Räumen etc.

Nora, 33 J., Soziologin, erlebte ein zufriedenstellendes Berufs- und Intimleben. Etliche ihrer Liebesbeziehungen währten zwei Jahre und länger und waren sehr intensiv, immer jedoch mit Partnern, die prinzipiell nicht heiraten wollten.

Anfangs schien es so zu sein, daß Nora wie viele andere auch Angst hatte, eingeengt zu werden. Ihre Kindheitsgeschichte ergab jedoch Hinweise auf einen anderen Grund. Ihr Vater, Angestellter bei der Post, war sehr verschlossen.

Sobald er sich in seinen Gefühlen verletzt fühlte, zog er sich zurück und weigerte sich tagelang, mit dem »Angreifer« (gewöhnlich seiner Frau) zu sprechen. Er war leicht erregbar und reagierte ärgerlich, wenn seiner Tochter der kleinste Schnitzer unterlief. Fehler bei den Hausaufgaben pflegte er mit Schlägen auf die Finger mit einem Lineal zu bestrafen. Jeder Versuch des Kindes, ihm gegenüber Herzlichkeit zu bekunden, wie etwa durch eine innige Umarmung, ein Geschenk etc., wurde von ihm im Keim erstickt. Jahrelang hatte das Mädchen Angst vor ihm; später begann Nora ihn zu verachten.

Ihre Mutter war einerseits eine sehr herzliche, andererseits aber auch eine sehr disziplinierte Frau. Sie stellte sehr starre Verhaltensnormen auf und verlangte von ihrer Tochter, den Eltern immer freundlich und liebenswürdig zu begegnen, gleichgültig, in welcher Stimmung sich die Tochter selbst befand. Deshalb fühlte sich Nora als Kind immer schuldig, wenn sie einmal ihrer Mutter widersprach. Zwischen ihren Eltern gefangen, entwickelte sie immer größere Angst davor, das Falsche zu tun.

Die Schulzeit absolvierte sie ohne Schwierigkeiten und begann dann mit neunzehn Jahren, Soziologie zu studieren.

Erst während des Studiums entwickelten sich bei ihr deutliche Interessen am anderen Geschlecht. Ihre erste engere Beziehung hatte sie im Alter von 21 Jahren mit einem jungen Mann, mit dem sie nach längerer Bekanntschaft ein harmonisches Intimleben genoß. Nach etwa einem Jahr machte er ihr einen Antrag, den sie erfreut annahm; sie verlobten sich. Unglücklicherweise entdeckten ihre Eltern, daß sie mit ihrem Freund eine Woche in einem Hotel an der See verbracht hatte und verlangten die sofortige Auflösung der Beziehung. Dennoch sahen sich beide heimlich noch mehrere Monate lang.

Später sagte sie, diesen damaligen Freund hätte sie sich gut als ihren Ehemann vorstellen können. Er wäre anscheinend genau der Richtige gewesen, im passenden Alter und mit einer guten Kombination aus Partnerschaftlichkeit, Intelligenz und gemeinsamen Interessen. Nach dieser Beziehung vermied sie jeden, der für sie als Ehepartner in Frage gekommen wäre. Zwar begegnete sie mehreren anderen Männern, die sie hätte heiraten mögen – sie ließ jedoch eine solche Entwicklung nicht zu und schlich sich dann aus einer solchen Beziehung weg. Offensichtlich fühlte sie sich nur in einer Beziehung wohl, wenn von vornherein klar war, daß sie diesen Mann niemals heiraten würde. Die Gründe für ihr widersprüchliches Verhalten – und das war auch genau bei ihrem ehemaligen Verlobten der ausschlaggebende Punkt für eine mögliche Ehe mit ihm – kamen erst später ans Tageslicht.

Nora erlebte mehrere Beziehungen, wo eine Ehe außer Frage stand. Mit 25 begann sie eine ernstere Beziehung zu einem sechzehn Jahre älteren Mann. Eigentlich wollte er sie heiraten. Als er aber merkte, daß ihr der Altersunterschied zu groß war, gab er sein Vorhaben auf. Sobald das geschehen war, fühlte sie sich von dem Druck einer Ehe befreit und konnte mit ihm in einer glücklichen sexuellen Beziehung leben.

Anschließend an diese Affäre lernte sie einen gleichaltrigen Mann kennen, mit dem sie sich zwar sexuell ausgezeichnet verstand, dessen Charakter jedoch einige untragbare Eigenarten aufwies. Er war in seinen politischen Ansichten starrköpfig, ein übertriebener Sauberkeitsfanatiker und wollte von ihr täglich zur festgelegten Zeit sein Essen serviert bekommen. In seiner ganzen Lebensauffassung war er ihr einfach zu pedantisch. Danach kam ein »Vater«-Typ, geduldig, aufmerksam und höflich, aber 22 Jahre älter als sie. Es folgten eine Reihe weiterer Liebhaber, mit denen sie sexuell nur harmonierte, wenn jeweils für beide Seiten eine Ehe ausgeschlossen war. Trotzdem war sie in diese Männer manchmal sehr verliebt und eifersüchtig, sobald sie nicht anwesend waren.

Zu Beginn der vierten Sitzung kam Nora zu der Überzeugung, daß sie mit ihrem ersten Freund eine langfristige Beziehung hätte eingehen können, denn sie hatte den Eindruck, daß er nichts hätte tun oder sagen können, was sie veranlaßt haben würde, sich von ihm zu trennen. Es gab da nicht die geringste Unsicherheit, was ihn betraf, und deswegen hatte sie auch damals keine Angst. Das bedeutete also, Unsicherheit stellte ein großes Angstmoment in ihren Partnerschaften dar. Unklar blieb nur noch, warum sie bezüglich ihrer ersten Liebe ein sicheres Gefühl besessen hatte, aber bei allen nachfolgenden Heiratskandidaten mit Unsicherheit im Nacken davonlief.

Zunächst ließ ich das Problem einmal dabei bewenden und richtete meine Aufmerksamkeit mehr auf Noras Einstellungen gegenüber ihren Mitmenschen, wobei eine Reihe von Schuldgefühlen zum Vorschein kamen, die von den Vorwürfen und Erwartungen ihrer Eltern herrührten. Als ihr zentrales Problem stellte sich ihre Unfähigkeit, nein sagen zu können, heraus. Um diesen Aspekt weiter zu verfolgen, aber auch gleichzeitig im Sinne eines neuen Behandlungsschrittes, begann ich mit ihr ab der siebten Sitzung Rollenspiele. So vereinbarte ich mit ihr, sie möge im Rahmen dieser Rollenspiele jegliche Annäherungen standhaft zurückweisen, die ich als zufälliger Bekannter versuchen würde. Meiner Rolle entsprechend, bat ich sie daraufhin, sie möge mich doch bitte eine längere Strecke in ihrem Auto mitnehmen. Als sie dieses Ansinnen höflich, aber bestimmt ablehnte, stieg ihr Angstpegel sofort auf einen Wert von 45! Nach fünfmaligem Rollenspiel dieser Szene sank ihr Angstniveau bereits auf 20. In der nächsten Sitzung brachten drei weitere Rollenspiele gleichen Inhalts ihren Angstpegel von 15 auf 0 herunter. Danach schlüpfte ich in die Rolle einer Bekannten von Nora, die sich über das Wochenende bei ihr eine neue Pelzjacke ausleihen wollte. Instruktionsgemäß verweigerte sie ihre Einwilligung. Wir benötigten insgesamt sieben Wiederholungen, bis das Abweisen dieses anmaßenden Verlangens der Bekannten ihren Angstpegel von 50 auf 0 senkte. Die nächsten zwei Sitzungen vergingen mit ähnlichen Übungen, bei denen sie Bitten und Forderungen von ihr immer näher stehenderen Personen zurückweisen sollte.

Bei der Überprüfung, ob meine Rollenspiele realistischer seien, als wenn sich Nora die gleichen Situationen selbst lebhaft in ihren Vorstellungen ausmalte, ergab sich, daß meine Mitwirkung an den Rollenspielen sie doch etwas störte und ablenkte. Da also die Methode, sich selbst die Situationen vorzustellen, wirksamer zu sein schien, entschloß ich mich, sie ab jetzt nur noch über die Desensibilisierung der von ihr imaginierten Situationen zu behandeln.

Dabei wurde im Laufe der Zeit immer deutlicher, daß ihre sozialen Schwierigkeiten aus der Angst bestanden, andere Personen zu enttäuschen. Ihre Unzulänglichkeiten im zwischenmenschlichen Bereich und ihre Angst vorm Heiraten hatten somit die gleiche Ausgangsproblematik. Ging es lediglich darum, die Bitte, einen Mantel auszuleihen, abzuweisen, waren ihre Ängste relativ gering, da die betroffene Person auch nur mäßig enttäuscht war. Die Angst war minimal im Vergleich zu dem Horror, den sie empfand, sobald sie den jeweiligen Partner einer intensiven Liebesbeziehung enttäuschen mußte. Begegnete sie einem Mann, der als möglicher Lebenspartner in Betracht kam, so hatte sie auch schon im selben Augenblick das deutliche Gefühl: »Ich bin noch nicht endgültig sicher – vielleicht werde ich mich später doch wieder von ihm trennen müssen, und dann enttäusche ich ihn nur ...«

Diese Angstgefühle kamen bei ihrer ersten längeren Beziehung nicht auf, weil sie den damaligen Partner lange genug vorher kannte und alles von ihm wußte. Das war bei ihren nachfolgenden Ehekandidaten nicht der Fall, da diese sich nicht von Anfang an als mögliche Lebenspartner präsentierten. Da sie sie zum jeweiligen Zeitpunkt noch nicht genügend kennengelernt hatte, befürchtete sie, daß sich später noch irgendein ungünstiger Charakterzug herausstellen könnte, der sie veranlassen würde, ihre Meinung zu revidieren und vor der Ehe schließlich wieder zurückzuschrecken.

Nachdem klar war, daß die Angst, andere zu enttäuschen, das Haupthindernis, sich auf ernsthaftere Beziehungen einzulassen, war, mußte herausgefunden werden, welche verschiedenen Aspekte in ihren Beziehungen die meisten Ängste auslösten. Dabei ergaben sich vor allem zwei Dinge: Je mehr und je intensiver sich ein Mann um sie kümmerte und je länger die Beziehung bereits andauerte, desto mehr nahm ihre Angst zu. Besonders der letztere Umstand bestimmte, wie stark sie sich ihrem Partner verpflichtet und wie stark sie sich gestreßt fühlte, wenn sie ihn enttäuschen mußte. Im Verlauf der Desensibilisierung legte ich deshalb besonderes Gewicht auf die Kombination dieser beiden ausschlaggebenden Faktoren.

Wir fingen mit der bildhaften Vorstellung an, bei der

ein fiktiver Mann, den sie erst seit kurzem kannte, sich intensiv um sie bemühte. Langsam konnte das Ausmaß der Verpflichtung gegenüber diesem Mann durch die zunehmende Häufigkeit der beiderseitigen Kontakte gesteigert werden. Die Desensibilisierung setzte in tiefer Entspannung bei dem Vorstellungsbild ein, wo sie die Absicht bemerkte, die Beziehung zu diesem fiktiven Mann zu beenden, den sie gerade fünfmal gesehen und mit dem sie noch nicht geschlafen hatte. Nach viermaligem Nacherleben dieser bildhaften Vorstellung reduzierte sich ihr Angstpegel von 20 auf 0. Dann stellte sie sich das Bild eines Mannes vor, den sie achtmal gesehen und mit dem sie zweimal geschlafen hatte. Nach sieben Präsentationen gelang es ihr, das Angstniveau wiederum auf 0 zu bringen.

In der zwölften Behandlungssitzung konnte die Dauer der Beziehung, die Nora beenden sollte, auf sieben Monate gesteigert werden. Sie war dann in der Lage, sich die Situation gelassen vorzustellen und ihrem fiktiven Partner zu entgegnen, daß sie sich in der Beziehung nicht mehr wohl fühle. Die Eindringlichkeit der Szene erhöhte ich dann durch die gefühlsbetonten Äußerungen des Partners: »Erinnerst du dich nicht mehr an all die schönen Dinge, die wir gemeinsam erlebt haben?«, worauf sie zu erwidern vermochte: »Aber diese wundervollen Augenblicke existieren heute nicht mehr!«

Während der nächsten vier Behandlungssitzungen wurde sie bezüglich weiterer Situationen desensibilisiert, in denen sie andere Personen »enttäuschte« oder sich gegen deren Wünsche durchsetzte. So lernte sie, eine Einladung ihrer Eltern abzusagen, oder fragte eine höhere Amtsperson mehrmals und beharrlich nach einer ihr unklaren Sache.

Schließlich konnten wir zur Behandlung ihrer Ängste vor Zurückweisung übergehen, wie beispielsweise der Angst, von einem Bekannten auf der Straße übersehen zu werden. Es dauerte insgesamt sechzehn Sitzungen, bis alle von sinnlosen Ängsten betroffenen Gebiete angesprochen und die Therapie beendet werden konnte.

Etwa ein Jahr nach Behandlungsende berichtete Nora über die endgültige Befreiung von ihren ehemaligen sinnlosen

Ängsten und den daraus resultierenden Hemmungen in allen Lebensbereichen. Sie lebte seit längerer Zeit mit einem Mann zusammen, den sie, nach Klärung einiger finanzieller Angelegenheiten, auch heiraten wollte. Partnerbeziehungen, die zu einer Ehe führen könnten, stellten also keine Angstsituation mehr für sie dar.

Eine vielschichtige Depression

Die meisten Menschen, die sich in Therapie begeben, haben ein aktuelles Problem, sie sind zwischen zwanzig und vierzig Jahre alt. Sie erhoffen sich von ihrer Behandlung die Lösung des Problems und viele Jahre körperlichen Wohlbefindens und seelischer Ausgeglichenheit. Einige andere Personen leiden seit längerer Zeit unter vielseitigen neurotischen Störungen, z.B. Christine, eine reizende und intelligente Dame im Bibliothekswesen.

Jährlich ein- bis zweimal litt sie unter schweren Depressionen, die dann über Wochen andauerten. Während dieser Phasen fühlte sie sich sehr hilflos und war nicht in der Lage, ihre alltäglichen Besorgungen zu erledigen. In den vergangenen Jahren erlebte sie Hunderte von migräneartigen Kopfschmerzanfällen. Sie hatte bereits über tausend Stunden Psychoanalyse hinter sich.

Bei der Verhaltensanalyse ergaben sich eine Reihe von zentralen Angstsituationen. Fangen wir mit ihrer Kindheitsgeschichte an. Ihr Vater starb, als sie gerade sechs Jahre alt war. Sie erinnerte sich an ihn als einen ruhigen und freundlichen Mann, der mit ihr beim Schlafengehen Lieder sang und ihr, auf der Bettkante sitzend, »Gute-Nacht-Geschichten« erzählte. Er gab ihr ein besonderes Kopfkissen, einen »Beschützer«, den sie beim Schlafen immer bei sich hatte. Diese Angewohnheit hielt sich bis zu ihrer Heirat. Ihr Vater schützte sie auch vor ihrer strengen und engherzigen Mutter. Diese schlug sie häufig bei den kleinsten Anlässen mit einem Riemen, sei es, daß sie sich schmutzig gemacht hatte, das Geschirr nicht sauber genug gespült war oder sie eine unbedachte Bemerkung über Familienangelegenheiten gegenüber einem Besucher gemacht hatte. Eine andere Art von Bestrafung bestand darin, für Stunden allein auf ihr Zimmer geschickt zu werden. Ihre Mutter zeigte auch keinerlei Zeichen von Anteilnahme oder Ermutigung, wenn sie mit guten Noten nach Hause kam oder ein Bild für »ihre Mami« gemalt hatte. Sie erinnerte sich noch gut an eine Begebenheit, wo sie die Adresse einer befreundeten Familie vergessen hatte und deshalb fälschlicherweise bei einer Pension klingelte. Ein Unbekannter hatte ihr geöffnet und sie eingeladen, hereinzukommen. Eine Gruppe von Menschen saß um einen großen Tisch herum und befand sich gerade beim Mittagessen. Alle hörten auf zu essen und schauten sie an. Sie erschrak fürchterlich und fing an zu weinen, als sie merkte, daß sie niemanden von den Personen kannte. Sie rannte, so schnell sie konnte, nach Hause. Dort angekommen, machte sich die Mutter kaum die Mühe, ihr zuzuhören, sondern herrschte sie an, sie solle mit dem Geheule aufhören.

Als Kind war sie schüchtern und hatte in der Schule keine Freunde. Bei den wenigen Verabredungen, die sie während ihrer Oberschulzeit mit Jungen hatte, befürchtete sie immer, die Kontrolle über sich zu verlieren und sexuell zu sehr erregt zu werden, so daß sie den Jungen erlauben könnte, bei ihr »zu weit« zu gehen.

Nach ihrem Examen wurde sie mit achtzehn Jahren schriftstellerisch für ein Modejournal tätig. Dort erlebte sie ihre erste intime Freundschaft, die etwas mehr als ein Vierteljahr andauerte und ihr viel Freude bereitete. Mit 22 Jahren verliebte sie sich Hals über Kopf in einen verheirateten Mann, der von seiner Frau getrennt lebte. Während der Zeit ihres Zusammenlebens gab es furchtbare Auseinandersetzungen, auf die jeweils eine tränenreiche Versöhnung folgte. Da aber seine Ehefrau nicht in eine Scheidung einwilligte, sah sie keine Perspektive für ihre Beziehung und beendete sie. Danach fühlte sie sich für mehrere Monate depressiv.

Einige Zeit später begegnete sie auf einer Dichterlesung ihrem späteren Ehemann. Er war zuverlässig, ruhig, geduldig und recht attraktiv. Einige Monate nach ihrer

Hochzeit erkannte sie, daß er auch sehr passiv und behäbig war. Er reagierte nicht auf sie, wurde nicht ärgerlich und zeigte keine stärkeren Gefühlsäußerungen. Auch mit ihrem Liebesleben war sie unzufrieden, zumal er beständig einen vorzeitigen Samenerguß hatte. Zu ihren zwei Töchtern schien er ein genauso indifferentes Verhältnis wie zu ihr zu haben. Als sie zu dieser Zeit auch noch ihre berufliche Tätigkeit aufgab und damit ihre Möglichkeit, einen »Beitrag« zur Familie zu leisten, fühlte sie sich einerseits verbraucht, andererseits ausgenutzt. Dennoch versuchte sie, das Beste daraus zu machen, ehe sie sich nach neun Jahren schließlich von ihm scheiden ließ.

Nach der Scheidung bemerkte sie eine ständig zunehmende Ängstlichkeit. Sie konnte sich nicht daran gewöhnen, morgens alleine aufzustehen, vermißte ihren Ehemann und hatte auch schon seit langer Zeit ihr »Beschützer«-Kopfkissen weggeworfen. Der Gedanke, daß ihre beiden Töchter eines Tages die Oberschule beenden und von zu Hause ausziehen würden, versetzte sie in Panik. Als sie nach siebzehn Jahren zum erstenmal im Sommer für drei Tage allein zu Hause war, weil ihre Töchter ihren Vater besuchten, überkam sie eine regelrechte Panikstimmung. Ihre Einsamkeit und ihr Verlassensein traten ihr deutlich ins Bewußtsein, und so fühlte sie sich unglaublich erleichtert, als ihre Töchter wieder zurückkamen.

Die oben aufgeführten Informationen erhielt ich während unserer ersten zwei Sitzungen. Anschließend versuchten wir herauszufinden, inwieweit sich ihre Probleme störend auf ihr *momentanes* Leben auswirkten. Dazu erzählte sie einen Vorfall mit ihrer sechzehnjährigen Tochter Kati, die sie tadelte, weil sie ihre Hausaufgaben nicht erledigt hatte. Kati kümmerte sich aber kaum darum und meinte nur, sie solle sich um ihre eigenen Angelegenheiten kümmern. Einige Stunden später versuchte sie erneut ihrer Tochter einen Ratschlag zu erteilen, was einen Freund von ihr betraf, und wieder hörte Kati kaum zu. Sie meinte daraufhin, daß ihre Tochter anscheinend nichts mehr mit ihr zu tun haben wolle und sie einfach nicht mehr brauche. Bei diesem Punkt hakte ich ein und stellte fest, daß sie über jegliche Art von Zurückweisung ärgerlich war.

Dann erwähnte sie, daß sie demnächst eine Reise vorhabe, vor der sie etwas zurückschrecke, was aber nicht so schlimm sei, weil ihre Töchter mitkämen. Aus diesen Äußerungen ergaben sich zwei Hinweise über ihre Angst vor dem Alleinsein. Einmal hatte sie Angst, sich von zu Hause zu entfernen, zum anderen fürchtete sie sich vor der Abwesenheit ihrer Töchter.

In der vierten Sitzung fingen wir deshalb mit dem Entspannungstraining als Vorbereitung für die Desensibilisierung an. Innerhalb weniger Wochen war sie aufgrund des täglichen Trainings in der Lage, sich schnell und tief zu entspannen. Dann gingen wir dazu über, die Angsthierarchien für ihre beiden hauptsächlichen Ängste, das Alleinsein und das Zurückgewiesenwerden, aufzustellen. Dabei ergab sich, daß sie sich nicht alleine fühlte, solange sie einen Bekannten im Blickfeld hatte. War beispielsweise ihre jüngere Tochter alleine zu Hause und schloß sich in ihr Zimmer ein, so geriet sie aus der Fassung, weil sie sie nicht mehr in direktem Sichtkontakt hatte. Da sie bei der Desensibilisierung besonders durch Vorstellungen vom Meer Beruhigung und Entspannung finden konnte, fingen wir mit Bildern von einem kleinen Häuschen an der See an, das sie von früher her kannte. Sie stellte sich zunächst vor, sie halte sich mit ihrer Tochter im Wohnzimmer dieses Häuschens auf, sei jedoch durch einen Bambusvorhang von ihr getrennt. Bereits nach zweimaliger Präsentation der Szene sank ihr Angstpegel auf 0.

Im weiteren Verlauf der Desensibilisierung wurden vor allem zwei Aspekte schrittweise verändert. Zum einen wurde die Distanz zu ihrer Tochter immer mehr vergrößert, zum anderen die Möglichkeit, sie zu sehen, verringert. So stellte sie sich ihre Tochter im Nebenraum sitzend vor und konnte sie durch die halboffene Tür nur teilweise sehen. Ein andermal ging ihre Tochter in ihrer Vorstellung die Dünen entlang spazieren und wurde durch einen Holzzaun immer mehr verdeckt.

Bei einer dieser Sitzungen stellte sie dann plötzlich mit großer Überraschung fest, daß sie jetzt entdeckt hatte, was ihre Depressionen verursacht habe. Sie wüßte ja schon seit längerer Zeit, daß sie das Alleinsein verabscheue, nur, jetzt stehe es ihr klar vor Augen, welches Gefühl der Einsamkeit ihre Angst auslöse und damit zur Depression führe.

So konnten wir im nächsten Schritt zu ihrer Angst vor Zurückweisung übergehen. Bei der Desensibilisierung stellte sie sich das Bild einer Frau vor, mit der sie sich vor einer Woche kurz beim Einkaufen unterhalten hatte. Sie stünde nun auf einer Gartenparty am Rande des Rasens, und jene Frau schaue ihr geradewegs in die Augen. Sie winkte der Frau lächelnd zu, aber diese starrte nur in ihre Richtung und drehte sich dann einfach um. Nach zweimaliger Vorstellung dieser Szene sank ihr Angstpegel auf 0. Die darauf nachfolgenden Szenen beinhalteten folgende Bilder: 1. Sie sitzt mit einer Freundin im Café, die sich plötzlich entschuldigt, aufsteht und mit ihrem Taschenbuch unterm Arm sich für ein paar Minuten entfernt. 2. Sie ist mit ihrer Freundin schon seit mehreren Wochen für ein Abendessen verabredet und sitzt mit ihr nun im Café, als diese sich entschuldigt, aufsteht und weggeht. 3. In einem Spirituosengeschäft platzt sie in eine Gruppe ihr bekannter Leute, die gerade zu einer Party losgehen, zu der sie selbst nicht eingeladen worden war. 4. In dem kleinen Häuschen an der See steht ihre Freundin plötzlich vom Wohnzimmertisch auf, macht die Tür hinter sich zu und schließt sie auf diese Weise versehentlich für mehr als eine halbe Stunde ein.

In einer früheren Sitzung hatte sie auch von ihrer Angst vorm Fliegen gesprochen. Je mehr nun die Arbeit bei ihren Ängsten vor Einsamkeit und Zurückweisung voranging, desto mehr konnten wir uns mit diesem neuen Angstaspekt beschäftigen. Diese Angst trat zum erstenmal in Erscheinung, als sie selbst noch eine junge Frau war und einer ihrer Freunde in einem Flugzeug tödlich verunglückte. Einige Jahre später wurde der Ehemann ihrer besten Freundin als Pilot bei einem Übungsflug getötet. Weitere sieben Jahre später sah sie, wie ein kleines Flugzeug bei dichtem Nebel die Landebahn verfehlte und eine Notlandung im Wasser vornehmen mußte. Sie erlebte, wie der schwerverletzte Pilot der Maschine dauernd laut um Hilfe schrie. Dies hatte sie so sehr erschüttert, daß sie nicht mehr imstande war, sich fortzubewegen. Daraus erwuchs eine dermaßen große Angst vor Flugzeugen, daß sie bereits erstarrte, sobald auch nur ein Flugzeug für Sekunden zwischen den Wolken am Himmel zu sehen war. Etwas weniger ängstlich fühlte sie sich, wenn sie ein Flugzeug auf dem Erdboden stehen sah. Näherte sich ein fliegendes Flugzeug jedoch einem Flugplatz oder der Landebahn, so steigerte sich ihre Angst ins Unermeßliche.

Wegen der Stärke ihrer Angst war es notwendig, als erstes Vorstellungsbild mit einem Spielflugzeug von fünfzehn Zentimeter Flügelspannweite anzufangen, das sie in einem Schaufenster gesehen hatte. Auch das war noch ein recht aufregendes Bild für sie, wenn auch erträglicher als der Anblick eines wirklichen Flugzeuges, das einige Kilometer entfernt am Boden stand. Bei den nachfolgenden Vorstellungen nahm die Größe der Flugzeuge immer mehr zu, bis die größten Modellflugzeuge dann schon mit laufendem Motor auf dem Rasen standen. Dann sollte sie sich vorstellen, wie sie zunächst kleine Privatflugzeuge besteigt, deren Motoren stillstehen, und danach mit laufenden Motoren. Schließlich sollte sie mit einem alten Flugzeug eine kurze Stippvisite auf einem Großflughafen machen, um von dort mit einem modernen Verkehrsflugzeug erst kleinere, dann auch immer weitere Flüge und endlich auch Atlantiküberquerungen zu unternehmen. Sobald die Desensibilisierung einmal an diesem Punkt angelangt war, war es für sie kein Problem mehr, zu fliegen wohin sie wollte; ja, sie bekam schließlich sogar Spaß daran, mit Jetflugzeugen zu fliegen.

Auf ähnliche Art und Weise wurden andere Ängste identifiziert und erfolgreich behandelt. Es ging bei ihr noch um folgende Problembereiche: 1. Angst vor Höhen bzw. Tiefen; 2. Angst vor ihrer Mutter, die sie aufgrund einer Erkrankung öfter besuchen mußte; 3. Angst vor dem morgendlichen Aufstehen; 4. Angst vor ihren allmorgendlichen Depressionen; 5. Angst vor dem Verreisen; 6. Angst, angelogen zu werden; 7. Angst, zu urinieren, wenn jemand vor der Tür wartet; 8. Angst, von nahestehenden Personen Abschied zu nehmen (verwandt mit der Angst vor Einsamkeit).

Nach zweijähriger Behandlungsdauer, anfangs zweimal

wöchentlich, dann nur noch einmal die Woche, hatte sie sich in all den genannten Bereichen wesentlich gebessert und war nicht mehr Sklave ihrer Ängste und Depressionen. Als sie mich nach fünf Jahren wegen eines Problems ihrer Tochter anrief, erwähnte sie, daß sie keinerlei Schwierigkeiten mehr habe.

Angst vor dem Alleinsein

Als wir in einem der vorigen Kapitel die Agoraphobie angesprochen hatten, gab ich zu bedenken, daß die wahren Ursachen der Angst von Fall zu Fall variieren können. Das nachfolgende Beispiel beschreibt einen alltäglichen Fall, die Angst vor einer geistigen oder körperlichen Erkrankung.

Maria, 23 J., alleinstehend, wurde von ihrer Angst vor Einsamkeit beherrscht. Sie benötigte jemanden, der sie beschützt, da sie glaubte, sie könne die Kontrolle über sich verlieren und sich völlig vergessen. Es würde ihr niemals in den Sinn kommen, ohne Begleitung aus dem Haus zu gehen, denn dann hätte sie nicht nur niemanden in ihrer Nähe, wenn die erwartete Katastrophe eintrete, sondern sie wäre auch obendrein nicht in der Lage, aus eigener Kraft Hilfe herbeizuholen.

Ihre Ängste begannen vor etwa sechs Jahren, als sie gerade frisch in die Oberstufe der Schule kam. Eines Abends unterhielt sie sich in ihrem Schlafraum mit einer ihrer Freundinnen und wurde bei dem Gedanken plötzlich sehr traurig, sie sei so dick, daß niemand sie heiraten würde. Dabei fing ihr Herz an zu rasen, ihre Hände wurden feucht, und ihr Kopf war wie betäubt. Sie hatte Angst, jetzt könnte etwas Schreckliches passieren – sie könnte vielleicht sogar verrückt werden. In dieser Panik rannte sie zur Apotheke und erhielt von der Nachtschwester eine Valiumtablette. Daraufhin schlief sie schnell ein und erwachte wohlgemut am nächsten Morgen.

Als sie vierzehn Tage später für sich einen Parka kaufen wollte, wurde sie von der Tatsache, daß keiner der etwa zwanzig Parkas, die sie anprobiert hatte, ihr richtig paßte,

völlig demoralisiert und tieftraurig. In diesem niederge-
schlagenen Zustand fuhr sie nach Hause und merkte, wie
sie unkontrolliert zu zittern anfing und wie ihr Kopf wieder dumpf und schwer wurde. Diese panikartige Stimmung nahm dermaßen zu, daß sie vor einer Tankstelle anhalten mußte, wo sie einen Mitarbeiter traf, der sie dann
nach Hause fuhr. Seit dieser Zeit war sie immer ängstlich,
sobald sie alleine war.

Vorherige psychiatrische Behandlungsversuche hatten
nur vorübergehende Erfolge erzielt. Anfangs wirkte noch
ein Beruhigungsmittel beim Auftreten ihrer Angstzustände, mit der Zeit aber verlor sich dessen beruhigende
Wirkung. Etwa ein Jahr, bevor sie zu mir kam, hatte sie
sich von einem Psychologen behandeln lassen, der auch
verhaltenstherapeutisch arbeitete. Er hatte eine systematische Desensibilisierung angefangen, aber nur wenig Erfolg damit erzielt, weil er wahrscheinlich keine ausreichend präzise Verhaltensanalyse vorgenommen hatte.

Bei unserem zweiten Termin fragte ich genauer, was in
ihr vorging, wenn sie annahm, sie könnte den Verstand
verlieren. Das Alleinsein rufe eine Art Benommenheit
und Spannung in ihrem Kopf hervor und eine Realitäts-
ferne, die sie beim Gehen als ein Wanken empfinde. Sie
war davon überzeugt, daß ein geistiger Zusammenbruch
auf sie zukäme, wenn diese Symptome noch stärker würden. Es war deshalb zunächst notwendig, die Ursachen
ihrer Symptome herauszufinden. Da es allgemein bekannt
ist, daß Hyperventilation, d.h. überstarkes Atmen (das zu
erhöhtem Ausstoß von Kohlendioxid aus dem Blut führt),
eine übliche Ursache der beschriebenen Symptome darstellt, veranlaßte ich Maria, sich in ihrem Sessel zurückzu-
lehnen und sehr tief und schnell zu atmen. Innerhalb einer Minute stellten sich dann tatsächlich die nachfolgenden Symptome ein: Zunächst erlebte sie ein Schwindelgefühl, die Hände begannen zu schwitzen, der Herzschlag
steigerte sich, dann trat Benommenheit im Kopf ein, sie
zitterte und verspürte schließlich wieder eine Realitäts-
ferne. Je mehr sie hyperventilierte, desto deutlicher traten
ihre Symptome hervor und desto stärker wurde ihre
Angst. Auf diese Weise konnte ich ihr veranschaulichen,
wie die lästigen Symptome die logische Folge ihrer Art zu

atmen waren – eine unbewußte Art von Hyperventilation, wie sie auch durch häufiges Seufzen auftreten kann. Dennoch löste Hyperventilation offensichtlich nicht ihre Angst, den Verstand zu verlieren, aus.

Diese Feststellung zog unmittelbar zwei therapeutische Konsequenzen nach sich. Einmal nahm es ihr die Angst vor einer drohenden Gefahr, zum anderen wurde es mir ermöglicht, Maria eine Methode beizubringen, die Hyperventilation aktiv selbst zu kontrollieren und die unangenehmen Folgesymptome zu beeinflussen. Der Weg dahin war recht einfach. Da es im allgemeinen schwierig ist, per Nasenatmung zu hyperventilieren, sollte sie beim ersten Anzeichen der Symptome ihren Mund einfach schließen.

Dennoch blieben einige Behandlungsbereiche übrig. Obwohl Maria nun die Ursachen ihrer Symptome erkannt hatte, blieb der Zustand des Alleinseins als eigenständiger Auslöser ihrer Ängste bestehen. Sie hatte sich im Laufe der Jahre zu einem unabhängigen Faktor entwickelt, so daß die Einsamkeitsgefühle zunahmen, je länger und weiter sie von zu Hause entfernt war. Deshalb wurde jetzt mit ihr vereinbart, schrittweise weitere Reisen vorzunehmen. Bisher waren ihr solche Reisen nicht möglich gewesen, weil sie Angst hatte, sie könnte ihren Verstand verlieren. Aber diese Angst hatte sie als unbegründet anerkannt.

Innerhalb von acht Wochen war Maria in der Lage, ohne Furcht größere Entfernungen alleine mit dem Auto zurückzulegen, ja sogar mit dem Zug oder dem Flugzeug über mehrere Tage zu verreisen. Etwa einen Monat später nahm sie eine Anstellung in einem hundert Kilometer entfernten Ort an und mietete sich dort ein Appartement.

Männliches Sexualversagen

Wie ich weiter oben schon darstellte, ist die Hauptursache vieler sexueller Schwierigkeiten bei Männern die Angst vor sexueller Leistungsunfähigkeit. Allerdings sind auch andere Ursachen denkbar. In einem meiner früheren Werke berichtete ich von einem sexuell sehr aktiven jungen Mann, der massive Erektionsschwierigkeiten in dem Augenblick bekommen hatte, in dem er eine Jungfrau deflorierte. Die starken Ängste wurden durch seine Furcht vor Blut und Verletzungen ausgelöst. Da er wußte, daß er seine Partnerin verletzt hatte, half bei der Lösung seiner sexuellen Schwierigkeiten die Desensibilisierung seiner Verletzungsängste weiter.

Hier möchte ich nun ein weiteres Beispiel sexuellen Versagens schildern, das auf Ängsten beruhte, die mit der sexuellen Situation als solcher nichts zu tun hatte.

Theo, 44 J., erfolgreicher Rechtsanwalt, bemerkte gleich in der ersten Sitzung, daß er nach Jahren zufriedenstellenden Intimlebens mit seiner Frau seit zwei Jahren Schwierigkeiten hatte, eine Erektion zu bekommen und diese aufrechtzuerhalten. Als Ausgangspunkt bestand die Tatsache, daß er beim erstmaligen Auftreten seines Problems außergewöhnlich müde gewesen war. Dann fing er an – wie dies auch bei anderen häufiger vorkommt –, seine sexuelle Leistungsfähigkeit zu bezweifeln und bezeichnete sich als »impotent«. Deshalb wandte ich die in Kap. VI beschriebene Methode an, bei der er sich langsam und ohne Belastungen Schritt für Schritt dem Zusammensein mit seiner Frau nähern sollte. Zunächst schien dieses Vorgehen hilfreich zu sein, doch nach einigen Wochen zeigte sich die Unbeständigkeit seiner sexuellen Erfüllung. Er erlebte immer wieder »ein nagendes Gefühl von Zweifel« bezüglich seiner sexuellen Leistungsfähigkeit, das ihm dann drohend im Nacken zu hocken schien.

Dies veranlaßte mich, die Beziehung zu seiner Frau genauer in Augenschein zu nehmen. Dabei kam u. a. ihre jahrelange Anpassung an seine Lebensgewohnheiten zum Vorschein. Vier Jahre, bevor er zu mir in die Sprechstunde gekommen war, hatte sie bereits einen Therapeuten wegen ihrer wachsenden Unzufriedenheit mit ihrem Ehemann aufgesucht. Dieser hatte sie ermutigt, sich nicht länger als Anhängsel ihres Mannes zu fühlen, sondern viel mehr sich selbst zu verwirklichen. Nach einiger Zeit hatte sie dann angefangen, auf verschiedene Art und Weise zu rebellieren. Bei den recht zahlreichen Partys, die er unbedingt geben wollte, um berufliche Verbindungen zu knüpfen oder aufrechtzuerhalten, hatte sie keine Lust mehr, seine Haushälterin zu spielen. »Ich hatte das Gefühl, sie hat mich im Stich gelassen«, kommentierte er seine Empfindungen. So kam auch sein Gefühl, zurückgewiesen zu werden, mit seinen sexuellen Regungen in Konflikt und verhinderte folglich ein zufriedenstellendes Intimleben.

Nachdem wir uns einige Zeit darüber unterhalten hatten, daß seine Frau den gleichen Anspruch auf die Gestaltung ihres Lebens habe wie er, ermutigte ich ihn, mit seiner Frau die Rechte und Pflichten beider in der Beziehung miteinander neu zu besprechen. Er ging auf diesen Vorschlag ein und war bald bereit und in der Lage, das neue Rollenverhalten seiner Frau zu akzeptieren. Die immer häufigeren Gespräche zwischen beiden Partnern zeigten ihm auch, daß sich seine Frau keineswegs von ihm zurückgezogen hatte, sondern wie eh und je zu ihm stand. Ihre Empfindlichkeit gegenüber seinen Ansprüchen konnte sie ebenfalls etwas abbauen, und entsprechend verhielt sie sich nicht mehr so, daß er sich abgewiesen fühlte. Innerhalb von zwei Sitzungen hatte ich ihn gegenüber den unabhängigeren Verhaltensweisen seiner Frau desensibilisiert. All diese Maßnahmen führten binnen kurzem zur Rückkehr seiner sexuellen Fähigkeiten und hatten als Nebeneffekt eine in weiten Bereichen bessere Partnerschaft zur Folge.

Eine vielschichtige Phobie

Einige Fälle sind deswegen als komplex zu bezeichnen, weil bei der Auslösung einer sinnlosen Angst mehrere Faktoren beteiligt sind, die bei der Behandlung dann jeweils einzeln berücksichtigt werden müssen.

Clara, 36 J., Hausfrau, hatte Angst, beim Erbrechen von anderen gesehen zu werden. Sie war weder körperlich krank, noch gab es reelle Anzeichen, die zum Erbrechen hätten führen können, außer eben ihrer Angst bei dem Gedanken, dabei gesehen zu werden. Deshalb war ihr nach dem Essen öfter übel, und sie vermied die Öffentlichkeit sowie soziale Kontakte. Sie legte großen Wert auf ordentliches Benehmen, weil bei ihrer Erziehung sehr auf Höflichkeit und Anstand geachtet worden war. Im Alter von achtzehn Jahren verspürte sie ihre Angst erstmals bei einer Weihnachtsfeier. Sie hatte etwas viel getrunken, fühlte sich unwohl und befürchtete, daß sie vor aller Augen erbrechen würde. Tatsächlich hat sie sich aber bis heute nicht ein einziges Mal erbrochen.

Ihre Angst vor dem Erbrechen hatte mehrere Ursachen. Zunächst spielte es eine Rolle, wie lange ihre letzte Mahlzeit zurücklag. Lag diese erst kurze Zeit zurück, so hatte sie am meisten Angst. Als weiteres hing es auch davon ab, wie viele Personen sie beobachteten und in welcher Entfernung sich diese Personen aufhielten. Ein erster Schritt bei der Desensibilisierung bestand in der Vorstellung, daß vier Stunden nach ihrer letzten Mahlzeit sie eine Person aus hundert Meter Entfernung anschaute. Schrittweise ließ ich die Zahl der Personen zunehmen, bis sie von einem ganzen Fußballstadion von Leuten in der gleichen Entfernung beobachtet wurde. Dann sollte sie sich die Menschenmenge immer näher vorstellen, so als ob im nächsten Augenblick ein Fußballspiel beginnen würde. Dabei stellte sich dann noch heraus, daß ihr ein Grasboden weniger Ängste bereitete als ein Hartboden. Als diese Angst desensibilisiert wurde, zeigte sich, daß überdachte Stadien ihr unangenehmer als völlig frei gelegene waren. Auch dieser Aspekt wurde in Angriff genommen, doch sie merkte, daß ihre Angst zunahm, sobald sie sich nicht mehr leicht und schnell aus der Situation zurückziehen konnte. Die Angst vor Einengungen gingen wir an, indem wir die Szene nach innen verlegten, d.h., eine automatische Tür mit Zeitverzögerung eingeführt wurde, die von ihr per Knopfdruck geöffnet werden konnte. Anfangs ging die Tür bereits fünf Sekunden nach ihrem Knopfdruck auf, aber langsam wurde das Zeitintervall zwischen Knopfdruck und Türöffnung auf mehrere Minuten ausgedehnt, so daß Clara diese Zeitspanne abwarten mußte.

Jetzt erst konnte ich den zeitlichen Abstand zum Ende ihrer Mahlzeit verringern. Schließlich konnte sie sich Situationen ohne Angst ausmalen, bei denen sie früher Todesängste ausgestanden hatte, wie sie z.B. in einer völlig überdachten Tennishalle vor einer großen Menschenmenge stehe, ihre letzte Mahlzeit erst vor zehn Minuten eingenommen habe und keine Möglichkeit bestehe, sich von diesem Ort zu entfernen. Bei Behandlungsende gelang es Clara ohne Schwierigkeiten, Restaurants, Kinos, Supermärkte und ähnliche Orte aufzusuchen, die sie früher strikt gemieden hatte.

Klinische Besonderheiten

Die in diesem Kapitel vorgestellten Fälle wurden aus völlig verschiedenen Bereichen zusammengetragen. Dabei erbrachte die Verhaltensanalyse jeweils eine Beschreibungs- und Begründungsstruktur, die bei der erstmaligen Darstellung des Problems durch den Patienten keineswegs offensichtlich war. Natürlich stellen die vorgestellten Fallbeschreibungen eine stark komprimierte Zusammenfassung von jeweils vielen Einzelsitzungen dar, so daß notwendigerweise Einzelheiten außer Betracht blieben und man deshalb nur einen ungefähren Eindruck von dem Vorgehen der Verhaltensanalyse erhält. Es hängt dabei auch weitgehend von der Sensibilität des Therapeuten für die Äußerungen und Gefühle des Patienten ab, wie gut und schnell er die Ereignisse im Alltag des Patienten und dessen Reaktionen darauf in einen sinnvollen Zusammenhang bringt.

Die Fallbeschreibungen vermitteln aber eine Vorstellung davon, welche Schwierigkeiten bei der Verhaltenstherapie auftreten können. Ergibt sich aus der Verhaltensanalyse ein eindeutiges Erklärungsmodell, so muß das noch lange nicht bedeuten, daß die anschließende Behandlungsmethode einfach und geradlinig das Therapieziel zu erreichen imstande ist.

Ein Therapeut sollte in der Lage sein, bei einem konkreten Fall unterschiedliche Faktoren zu berücksichtigen, und je nach Rückmeldung durch den Patienten von einer Problematik auf eine andere und von einer Behandlungsmethode zur nächsten übergehen.

Grundlose Eifersucht:

Adam, 28 J., Versicherungskaufmann, wurde durch seine argwöhnische Natur stark in der Beziehung zu seiner Partnerin beeinträchtigt. Ohne ersichtlichen Grund war er eifersüchtig. Seine Eifersucht war auch an dem Zerbrechen zweier anderer wichtiger Beziehungen in der Vergangenheit schuld. Ein Grund dafür lag in den Dingen und Reaktionen, die sein Vater früher gezeigt hatte. Er war ein sehr großzügiger Mann, der seine Familie mochte, außer an den zahlreichen Gelegenheiten, wo er betrunken und deshalb reizbar, eifersüchtig und besitzergreifend war. Dann warf er seinem Sohn vor, er habe den ganzen Nachmittag mit der Mutter in der Küche verbracht, und das sei ja wohl ein deutliches Zeichen, daß er mit ihm nichts zu tun haben wolle. Seine Eifersucht stellte eine Art verletzten Stolzes dar, den er mit dem Unterton des »Wie kannst du mir nur so etwas antun!« ausdrückte.

Auf die gleiche Art, wie sein Vater ihm gegenüber, verhielt sich Adam nun auch zu seiner Partnerin. Sobald sie sich lediglich ungezwungen in Männergesellschaft benahm oder eventuell sogar noch anerkennend von ihnen sprach, fühlte er sich sofort zurückgesetzt. Er spürte jetzt die Eifersucht am eigenen Leibe. Die Behandlung bestand aus der Desensibilisierung einer umfangreichen Hierarchie von Situationen, in denen seine Partnerin andere Männer lobte, sich mit ihnen unterhielt, sich von ihnen einladen ließ oder auf irgendeine andere Art und Weise freundschaftlich mit ihnen umging. Hatte er die Angst einmal überwunden, so war auch die Eifersucht vorbei.

Eine psychisch verursachte Hauterkrankung:

Vera, 40 J., Grundschullehrerin, litt in den letzten fünf Jahren unter mehreren schweren Hautausschlägen. Der zur Zeit des Therapiebeginns noch anhaltende Hautausschlag bestand bereits seit über einem Jahr. Dabei war die Haut in ihrem Gesicht, im Nacken, den Ellenbogen, den Achselhöhlen und an den Oberschenkeln entzündet und juckte fürchterlich. Ihr Vater war Mitglied des Auswärtigen Amtes gewesen, so daß sie als ältestes von drei Geschwistern im Orient geboren wurde. Mit ihren Eltern kam sie gut aus, haßte aber dafür um so mehr den älteren ihrer zwei jüngeren Brüder, der sie tyrannisierte und sich auch oft unverschämt gegenüber ihren Eltern verhielt. Sie versuchte, dieses rüpelhafte Verhalten ihres Bruders durch eine besonders herzliche und entgegenkommende Art ihren Eltern gegenüber auszugleichen. Sie hatte immer schon jeden verabscheut, der sich in ihrer Nähe so miserabel verhielt.

Dann erinnerte sie sich in allen Einzelheiten an zwei schreckliche Erlebnisse. Beim ersten war sie gerade sechs Jahre alt, als sie in Tokio einen erwachsenen Japaner sah, der mit verzerrtem Gesichtsausdruck masturbierte. Erschrocken lief sie davon und hat bis heute ihren Eltern von diesem Vorfall nichts erzählt. Mit elf Jahren verbrachten dann ihre Eltern einige Zeit auf einer Vulkaninsel. Dort erlebte sie, wie ein Zittern und Beben die Insel für vierzehn Tage erschütterte, und geriet in Panik.

Ich fertigte eine Liste derjenigen Dinge an, die sie ängstlich oder angespannt werden ließen. Dabei ergaben sich drei völlig verschiedene Bereiche, die Ängste auslösten: 1. Situationen, in denen Not oder Gefahr zu erwarten sein könnte; 2. Situationen, in denen sie kritisiert oder zurechtgewiesen wurde; 3. Situationen, in denen sie den Erwartungen anderer nicht gerecht wurde. Infolgedessen stellten wir einen Desensibilisierungsplan auf, der die verschiedenen Angstabstufungen in diesen Situationen Schritt für Schritt anging. Je mehr wir bei der Behandlung der Ängste Fortschritte erzielten, desto mehr gingen die Hautausschläge zurück und waren schließlich ganz verschwunden. Nur in Zeiten ungewöhnlich starker Belastung zeigte sich gelegentlich ein geringfügiger Hautausschlag.

»Die Spinne war meine Mutter«:

Julia, 21 J., Psychologiestudentin, litt unter einer bereits seit Kindesbeinen an bestehenden Spinnenangst. Diese Angst hatte in den letzten Monaten verstärkt zugenommen, bis sie schließlich des Nachts wöchentlich mindestens einmal einen Alptraum mit Spinnen durchzustehen hatte. In den Träumen wurde sie mit Spinnen beworfen oder am Strand von Spinnen eingekreist.

Sie hatte vor zwei Jahren geheiratet, bald darauf aber eine unglückliche Ehe erlebt, in der die Alpträume nicht auftraten. Als sie wegen ihrer Eheschwierigkeiten zurück zu ihren Eltern zog, nahmen die Alpträume wieder zu. Es stellte sich bald heraus, daß die Spinnenangst und die damit zusammenhängenden Alpträume mit dem unerbittlichen Zugriff der Mutter auf ihr Leben zu tun hatten. Deshalb konnte sie die Spinnenangst in dem Augenblick überwinden, als sie sich zutraute, ihrer Mutter gegenüber ihre eigenen Ansichten und Interessen deutlich und bestimmt zu vertreten, wie dies vorher in einem Selbstsicherheitstraining geübt worden war.

Im vorliegenden Fall hatte sich die Angst vor der Mutter – als wahre Quelle der Angst – auf die Vorstellung von Spinnen übertragen, wie sie in den Träumen erschienen waren. Die Spinnen hatten symbolisch die Stelle der Mutter eingenommen. Denn durch die Spinnen im Traum wie durch ihre Mutter wurden die gleichen emotionalen Reaktionen ausgelöst.

Daß die Annahme der Übereinstimmung der beiden Ängste bzw. ihre Verlagerung von der Mutter auf die Spinnen zutreffend war, zeigte sich eben an dem Verschwinden der sekundären Spinnenangst, sobald die primär zugrundeliegende Angst vor der Mutter behoben war.

Das gelegentliche Auftreten symbolischer Repräsentationen rechtfertigt jedoch nicht die sonst im Bereich der Tiefenpsychologie angesiedelten Traumanalysen und -deutungen. Die kreative Zuschreibung und Interpretation von Symbolen gehört weit eher in die Sphäre von Dichtung und Kunst als zum Gebiet der Psychiatrie, es sei denn, es gibt dafür gewichtige Gründe von seiten des Patienten.

Ein Fall von Pyromanie:

Oliver, 17 J., wurde von einem Bewährungshelfer zu mir in Behandlung geschickt, weil er bereits zweimal Feuer gelegt hatte. Beim ersten Mal hatte er auf einem offenen Feld Gras angezündet. Das zweite Mal hatte er in der Druckerei, in der er arbeitete, von einem Balkon brennende Streichhölzer hinuntergeworfen und dadurch einen großen Stapel weißes Papier in Brand gesteckt.

Die Verhaltensanalyse erbrachte, daß er vor der ersten Brandlegung durch seinen Vater mächtig ausgeschimpft und vor dem zweiten Vorfall von seinem Vorarbeiter vor versammelter Mannschaft wegen seines Zuspätkommens getadelt worden war. Es gab aber auch andere Gelegenheiten, wo er sich zurückgesetzt fühlte und seiner Überempfindlichkeit auf unangemessene Art und Weise Luft machte. So sollte er einmal nach einem Streit mit seiner Mutter die Wäsche zur chemischen Reinigung bringen. Er hielt jedoch auf dem Weg dorthin an, warf die Wäsche in einen Bach, fuhr wieder nach Hause und sagte, sie sei ihm gestohlen worden.

Schuld an allen diesen impulsiven Handlungen war seine Überempfindlichkeit gegenüber Herabsetzung. Entsprechend bestand das therapeutische Vorgehen aus einer systematischen Desensibilisierung gegenüber Enttäuschungen und nebensächlicher Kritik an seiner Person sowie aus Ratschlägen, dem Gruppendruck seiner draufgängerischen Freunde zu widerstehen, die ihn anstachelten, beim Motorradfahren Alkohol zu trinken, oder ähnliches. Es handelte sich im eigentlichen Sinne um ein Selbstsicherheitstraining.

Innerhalb eines Vierteljahres war es ihm nach vierzehn Behandlungssitzungen möglich, die Ängste zu überwinden, die seine unangemessenen Reaktionen verursacht hatten. Auch nach vier Jahren wurde kein weiterer Fall von Brandstiftung oder anderweitig unsozialem Verhalten berichtet.

X.
BEMERKUNGEN UND ERGÄNZUNGEN

Sind alle Therapiemethoden erfolgreich?

Es existieren eine ganze Reihe von Therapierichtungen und -methoden zur Behandlung von Problemen des Erlebens und Verhaltens. Einige seien hier aufgelistet: Transaktionsanalyse, Urschreitherapie, Encounter-Gruppen, IST, Gesprächspsychotherapie, Psychodrama, Realitätstherapie sowie verschiedene psychoanalytische Richtungen wie die von Freud, Adler, Jung, Reich oder Sullivan. Jede einzelne Therapiemethode nimmt für sich in Anspruch, effektiv – und jeweils anderen überlegen – zu sein. Bei Untersuchungen über die Wirksamkeit dieser Methoden ergaben sich für alle in etwa das gleiche Ergebnis – nämlich eine Heilungs- bzw. Besserungsrate von vierzig bis fünfzig Prozent.

Dieser Prozentsatz überzeugt im allgemeinen jeden einzelnen Psychotherapeuten von der Wirksamkeit seiner jeweiligen Methode. Wenn jedoch der Prozentsatz von Heilungserfolgen bei den genannten Therapien etwa gleich groß ist, so ist es durchaus möglich, daß die Ergebnisse nicht von einer bestimmten Methode, sondern vielmehr von einem anderen Parameter, der allen gemein ist, abhängt. Das allen Therapien gemeinsame Kennzeichen ist die vertrauensvolle Beziehung zwischen Therapeut und Klient. Es steht außer Zweifel, daß bei der überwiegenden Mehrheit der Patienten Gefühle der Hoffnung, Bewunderung und Anerkennung durch eine solche Beziehung hervorgerufen werden. Werden dann angstbeladene Probleme angesprochen, wie das der

Patient gewöhnlich bei der Schilderung seiner Probleme tut, so ist aufgrund des reziproken Hemmungsprinzips zu erwarten, daß das positive Gefühl die relativ schwachen Angstreaktionen unterdrückt. Auf diese Weise können also Angstreaktionen abgeschwächt werden – der Patient fühlt sich schon zu Beginn der Therapie wohler. Ähnlich dienen auch ermutigende Äußerungen des Therapeuten dazu, den Patienten zu beruhigen, der selbst das Gefühl empfindet, etwas vorher völlig Unverständliches langsam in den Griff zu bekommen.

Mittlerweile hat die Möglichkeit, solchen spontanen Reaktionen während der Therapie zum Durchbruch zu verhelfen, unzähligen Menschen weitergeholfen. Viele Patienten haben von den Psychotherapeuten der verschiedensten Richtungen profitiert. Das Problem besteht in der Überzeugung des Therapeuten, der den Erfolg seiner Therapiemethode anstatt seiner eigenen emotionalen Wirkung zuschreibt, was letztlich bedeutet, daß eine Menge Zeit, Energie und Geld für im eigentlichen Sinne unproduktive Methoden verschwendet wird.

Eine Therapiemethode oder eine bestimmte Richtung in der Psychotherapie liefert also so lange keinen eigenständigen Beitrag zum Heilungserfolg, bis nicht nachweislich mehr als vierzig bis fünfzig Prozent Besserungen erreicht werden.

Ist die Verhaltenstherapie anderen Therapiemethoden überlegen?

Wie sieht nun der Erfolg der Verhaltenstherapie im Vergleich mit anderen Therapiemethoden aus? Die ersten statistischen Untersuchungen, die dazu veröffentlicht wurden, stammen von mir persönlich. Bei einer durchschnittlichen Stundenzahl von dreißig Sitzungen erbringen meine Ergebnisse eine Erfolgsrate von 89 Prozent, d. h., 188 von 210 Personen, die durch meine Behandlung gingen, zeigten entweder einen deutlich sichtbaren Heilungserfolg oder zeigten sich zumindest zu achtzig Prozent gebessert. Diese Beurteilung orientierte sich an Kriterien, die von einem renommierten Psychoanalytiker, Robert P. Knight, vorgeschlagen wurden. Hierbei handelt es sich um folgende Aspekte: Besserung der Symptome, gesteigerte Arbeitsfähigkeit im Berufsleben, befriedigende sexuelle Gestaltungs- und Erlebensfreude, verbesserte soziale Beziehungen sowie die Fähigkeit, mit psychischen Alltagsproblemen und Belastungen umgehen zu können. Diese eindrucksvolle Besserungsrate konnte inzwischen in der klinischen Praxis immer wieder bestätigt werden.

Es muß also festgehalten werden, daß unter den vielen Therapierichtungen und -methoden allein die Verhaltenstherapie eine Erfolgsrate aufweist, die weit über die sonstige Behandlungsquote herausragt: Nach durchschnittlich fünfundzwanzig bis dreißig Sitzungen wurden achtzig bis neunzig Prozent der Patienten entweder völlig geheilt oder einer deutlichen Besserung zugeführt.

Eine Reihe weiterer Belege für die Überlegenheit der Verhaltenstherapie gegenüber anderen Therapiemethoden zeigen auch vielfältige Untersuchungen, von denen hier nur zwei ausgewählt wurden. In der einen Untersuchung wurden psychoanalytisch orientierte Therapeuten gebeten, Studenten, die an einer Redeangst in der Öffentlichkeit litten, zu behandeln. Dabei sollten sie eine der drei folgenden Techniken anwenden:

– ihre eigene Therapiemethode,
– systematische Desensibilisierung oder
– eine »Placebo«-Methode, bei der der Student lediglich Aufmerksamkeit und allgemeine Zuwendung erhielt. Nach Ende der Behandlung wurden die Studenten zunächst 1. gefragt, wie sie sich jetzt bezüglich ihrer Redeangst einschätzten, anschließend 2. gebeten, vor einem Publikum eine Rede zu halten, wobei gleichzeitig 3. auch ihre physiologischen Reaktionen gemessen wurden. Das Ergebnis zeigte eindeutig, daß der größte Therapieerfolg der systematischen De-

sensibilisierung zuzuschreiben war, selbst wenn die praktizierenden Therapeuten mit dieser Methode nur in groben Zügen vertraut waren.

Bei einer zweiten Studie wurden neurotische Patienten entweder einer verhaltenstherapeutischen Behandlungsgruppe oder einer psychoanalytischen Kurztherapie zugewiesen – eine dritte Gruppe kam auf eine Warteliste und erhielt keinerlei Behandlung. Nach viermonatiger Behandlungsdauer hatten sich die Patienten, die Verhaltenstherapie erhalten hatten, in den unterschiedlichsten Bereichen deutlich gebessert. Ein Jahr später zeigte eine Nachuntersuchung, daß nur die Gruppe, die verhaltenstherapeutisch behandelt worden war, ihre Besserung gegenüber der Gruppe auf der Warteliste aufrechterhalten konnte.

Warum keine Psychoanalyse?

Zu Beginn unseres Jahrhunderts und noch lange Zeit danach wurden große Erwartungen und Hoffnungen bei der Heilung von Neurosen und ihren Folgen auf die Psychoanalyse gesetzt. Freud hatte seine Theorien in einer außerordentlich verführerischen Art und Weise vorgestellt, so daß drei Generationen von Psychiatern glaubten, die Neurose sei eine Folge unterdrückter Komplexe. Man ging dabei von der Annahme aus, daß Erinnerungen an traumatische sexuelle Erlebnisse in der frühesten Kindheit in das, was Freud »Unterbewußtsein« nannte, eingegeben und dort eingeschlossen würden. Für die Psyche wäre diese Unterdrückung von zu schmerzlichen Erinnerungen der einzige Weg, das Bewußtsein zu entlasten. Die neurotischen Symptome wurden dann als Ausdrucksformen der mit der Erinnerung verknüpften emotionalen Kräfte angesehen.

Wir sollten allerdings unterscheiden zwischen Ereignissen, die uns nicht bewußt sind, und dem Unbewußten selbst. So sind beispielsweise Herzschlag, die Kontraktionen der Eingeweide, Hormonausschüttungen usw. uns selbst nicht bewußt. Ähnlich verhält es sich mit vielen unserer Bewegungsäußerungen; wir weichen Schlaglöchern auf der Straße aus, seifen uns beim Duschen ein oder schnippen die Zigarettenasche ab. Letzteres sollen nur einige Beispiele aus dem umfangreichen Repertoire von koordinierten Bewegungsabläufen sein, die wir ursprünglich durch bewußte Hinwendung erlernten, jetzt aber automatisch ausführen. Die koordinierten und automatisierten Handlungen stellen einen unverzichtbaren Bestandteil von komplexen Handlungsmustern dar. – Wenn ein Geiger eine Passage aus einer Sonate spielt, beeinflußt sein Musikverständnis die Umsetzung des Stücks in Töne. Die konkrete Ausführung hängt dagegen von vielfältigen automatisierten Reaktionen seines Körpers und speziell seiner Finger ab – Gehörempfindung, Auflagedruck des Bogens, Saitenberührung usw. Hätte er die automatischen Reaktionen nicht zur Verfügung, so müßte er sich jeder einzelnen Note ganz bewußt widmen – und der virtuose Kunstgenuß, den wir gewohnt sind, käme nicht zustande.

Eine andere Art von Unterbewußtsein oder vermindertem Bewußtsein liegt in unserem Unvermögen, alle Eindrücke, die den Tag über auf uns einwirken, bewußt verarbeiten zu können. Dies können die feinen Farbschattierungen der Wolken am Himmel sein, die vielfältigen Gerüche oder Geräusche beim Essenzubereiten usw.

Ähnlich ergeht es uns mit unseren Gefühlen, die wir oft nicht bewußt erleben oder deren Ursachen wir nicht wahrhaben wollen. Das trifft auch auf sinnlose Ängste zu, bei denen uns nicht klar ist, wodurch sie wirklich ausgelöst werden, wann das war und in welcher Beziehung sie zu anderen Symptomen, wie depressiven Verstimmungen etc., stehen. Es kann sein, daß wir uns im Laufe eines Arbeitstages immer mehr verspannen, ohne es zu merken, daß wir gegenüber einer Person ein ungutes Gefühl verspüren oder, umgekehrt, auf eigenartige Weise von jemandem angezogen werden, ohne zu wissen, warum. Greifen wir das Beispiel der Anspannung heraus, so stellen wir fest, daß sie von außen wahrgenommen werden kann. Man sieht unsere gefurchte Stirn oder unseren verkniffenen Mund. Aber die Tatsache, daß wir selbst diese Reaktionen nicht bewußt bemerken, bedeutet noch lange nicht, daß wir auch ein Unterbewußtsein besitzen.

Dieser Aspekt kann durch einen weiteren Fall veranschaulicht werden, den Freud als sichtbaren Ausdruck des Unterbewußten betrachtete. Ein Patient, der in seiner Behandlung war, fühlte sich immer dann aufs tiefste betroffen, wenn die Kirchenglocken in der Nähe seines Heimatortes zu läuten begonnen hatten. Wie sich später herausstellte, hatte er das Glockenläuten mit einer früheren schmerzlichen Liebesaffäre in Zusammenhang gebracht. Das Glockenläuten war also zum Auslöser seiner Gefühlsregungen geworden, obwohl die unangenehmen Erfahrungen längst der Vergangenheit angehörten. Da aber der Patient seine eigene Betroffenheit durch die Glocken nicht unmittelbar mit seiner gefühlsmäßigen Belastung durch die Liebesaffäre in Verbindung brachte, nahm Freud an, daß die Assoziation der beiden Ereignisse ins Unbewußte abgeschoben worden war. Wie wir im Verlauf dieses Buches aber bereits mehrfach festgestellt haben, kann eine emotionale Reaktion durchaus durch ein bestimmtes Ereignis aufgrund vorhergegangener Konditionierung ausgelöst werden. Der Glockenschlag war auf die gleiche Art und Weise zum Auslöser der Betroffenheit geworden, wie in einem früheren Beispiel die Depression durch den Sonnenuntergang (vgl. Kap. I) hervorgerufen wurde. Es ist daher keineswegs notwendig, so etwas wie eine unbewußte Instanz anzunehmen, die uns wachsam kontrolliert, zu der wir aber keinen direkten Zugang haben.

Den Eckstein psychoanalytischer Theorie stellt die ödipale Konstellation dar, in der ein Kind von seinem andersgeschlechtlichen Elternteil sexuell angezogen wird. Die Bezeichnung hat ihren Ursprung in der tragischen griechischen

Sage vom Königssohn Ödipus, der unwissentlich seinen Vater tötete und seine Mutter heiratete. Als beiden die Wahrheit bekannt wurde, nahm sich seine Mutter das Leben, er selbst blendete sich. Dieser Mythos ist ebenso beeindruckend und überwältigend wie die Annahme Freuds, daß damit die gängige frühkindliche Haltung der Söhne gegenüber ihren Eltern symbolisiert wird.

Dennoch hat die dramatische Kraft dieser ödipalen Theorie keinen Bezug zur Wirklichkeit, wie eine unmittelbare Beobachtung von Kleinkindern erbrachte. Der englische Forscher C. W. Valentine untersuchte das Verhalten von 29 Kindern von ihrer Geburt an bis zum Alter von acht Jahren. Dabei fand er heraus, daß vierjährige Kinder denjenigen Elternteil bevorzugen, der sie bislang am wenigsten bestraft hatte. Nach dem vierten Lebensjahr wendeten sich die Söhne meist den Vätern zu, weil sie bessere Spielkameraden darstellten. Auch wenn die Eltern ein herzliches Verhältnis zueinander zeigten und sich umarmten, waren die Reaktionen der Kinder fast immer positiv, und sie klatschten oft vor Freude in die Hände. Dies alles sprach gegen die Ödipustheorie.

Ebenso fehlen bislang die entsprechenden Ergebnisse, die von der Psychoanalyse vorausgesagt wurden. Das zentrale Anliegen der Behandlung besteht in der Bewußtmachung scheinbar unterdrückter Erinnerungen. Dabei werden als wichtigste Methoden das freie Assoziieren und die Traumdeutung herangezogen. Bei der orthodoxen Analyse liegt der Patient auf einer Couch und wird ermutigt, spontan alles mitzuteilen, was ihm in den Sinn kommt. Diese Methode geht also von der Überlegung aus, daß die Verbalisierung unterdrückter Impulse die Befreiung der damit zusammenhängenden Gefühle, die für die Symptombildung verantwortlich waren, bewirkt. Haben sich die gefühlsmäßigen Spannungen, die den Symptomen zugrunde liegen, gelöst, so werden auch die Symptome selbst überflüssig und verschwinden.

Statistische Untersuchungen erbrachten des weiteren, daß die psychoanalytische Behandlungsmethode – auch wenn sie über Jahre hinweg konsequent angewandt wird – keinerlei höhere Erfolgsquote zeitigt als andere herkömmliche Methoden – inklusive der einfachsten Betreuung, wie sie in Allgemeinkrankenhäusern praktiziert wird. Besonders aufschlußreich war hier eine 1958 von der American Psychological Association durchgeführte Untersuchung, bei der fünfzig Prozent von 595 Patienten, die eine psychoanalytische Therapie hinter sich hatten, als »vollständig analysiert« angesehen wurden. Es waren jedoch nur sechzig Prozent der vollständig analysierten Patienten (d. h. dreißig Prozent der ursprünglichen Anzahl), die hinsichtlich ihrer Eingangssymptome als geheilt oder weitgehend gebessert eingeschätzt werden konnten. Eine noch umfangreichere Untersuchung aus dem Jahre 1971 in der Menninger-Klinik konnte auch keine erfreulicheren Ergebnisse vorweisen.

In den letzten Jahren gab es mehrere Strömungen, die von der orthodoxen Psychoanalyse wegführten – hin zu psychoanalytisch orientierten Psychotherapien. Hier wird weitgehend auf die Traumanalyse und die freie Assoziation verzichtet, indem der Therapeut auf direktem Wege versucht, an das Unbewußte heranzukommen. Dies geschieht durch die unmittelbare Befragung des Patienten sowie die anschließende Interpretation seiner Äußerungen. Wenn auch dabei das Schwergewicht nicht mehr auf der Lösung des Ödipuskonfliktes liegt, so ist das Aufdecken unbewußter Motivationen doch die vordringliche Aufgabe. Deshalb trifft für diese Therapierichtungen die gleiche Kritik wie für die Psychoanalyse zu – zumal sie in keiner Weise größere Erfolge zu verzeichnen haben.

Auch wenn die Psychoanalyse nicht sehr erfolgreich sein mag, so haben doch viele Menschen das Gefühl, daß gerade das tägliche Leben die Gültigkeit ihrer Ideen mehr oder weniger beweist. Sobald ein Mann im Büro eine Auseinandersetzung mit seinem Vorgesetzten hatte, geht er nach Hause, um dort seinen Ärger an seiner Frau auszulassen. Wenn ein Schauspieler beim Vorsprechen schlecht abgeschnitten hat, wird er diese Blamage möglichst rasch verdrängen. Oberflächlich betrachtet, scheint es sich hier tatsächlich um unbewußte Prozesse zu handeln. In Wirklichkeit beweist jedoch keines der Beispiele den Vorgang der Verdrängung, da die erlebten Erfahrungen jederzeit wieder abrufbar sind.

Die Einwände, die ich selbst gegenüber der psychoanalytischen Theorie wie ihrer Praxis vorgebracht habe, werten Freuds fortdauernden Beitrag zur Psychotherapie im allgemeinen keineswegs herab. Er ist nach allgemeiner Ansicht der erste gewesen, der den Standpunkt vertreten hat, daß die Ursachen der Neurose nicht in den Vorstellungen, sondern in den Gefühlen zu suchen sind. Im weiteren Sinne maß er dem Irrationalen größte Bedeutung zu und betonte die massive Einflußnahme der Gefühle auf unsere Alltagshandlungen. Schließlich konfrontierte er die Welt mit der Rolle, die die Sexualität im menschlichen Zusammenleben spielt. Es ist deshalb von untergeordneter Bedeutung, wenn er einige Fehlschlüsse bei der detaillierten Betrachtung der genannten Zusammenhänge zog.

Dennoch ist es durchaus möglich, daß einige von Freuds Vorstellungen, die – wie heute noch die Traumsymbolik – auf schwachen Füßen stehen, in Zukunft ein bedeutenderes Licht auf unser geistiges und emotionales Leben zu werfen vermögen – wenn die entsprechenden Zusammenhänge sich als zuverlässig herausstellen sollten. Dr. Paul L. Wachter kündigte bereits interessante neue Möglichkeiten der Nutzung psychoanalytisch gewonnener Informationen an. Hierbei geht er davon aus, daß die Art und Weise unserer frühkindlichen Erfahrungen ebenso wie die Art und Weise, in der wir mit ihnen umgingen, unsere späteren Sicht- und Handlungsweisen beeinflußt. Durch das Aufdecken von frühkindlichen Verhaltensmustern, die sich bis in das Erwachsenenalter hinein gehalten haben, kann eine Bereicherung therapeutischer Interventionsstrategien erreicht werden, deren praktische Nutzanwendung allerdings noch der Überprüfung bedarf.

Wut

Von den psychoanalytisch orientierten Therapeuten wird bei neurotischen Störungen großer Wert auf die Rolle gelegt, die die Wut bei den betroffenen Patienten spielt. Hierbei gehen sie davon aus, daß viele Neurosen die Folge unterdrückter Wut darstellen. Das Herauslassen und Ausleben der Wut ist deshalb zur Überwindung der Neurose unbedingt notwendig, d. h., die betreffende Person muß aus ihrem gewohnten System »aussteigen«. Sie erwarten dabei den spontanen »Wutausbruch« des Patienten, der vom Therapeuten nicht beeinflußt werden soll.

Dieser nichtdirektive Therapieansatz wird durch den folgenden Bericht veranschaulicht. Ein psychoanalytisch orientierter Therapeut merkte, daß seine Patientin durch ihre Mutter ständig unterdrückt wurde und daß sie unbedingt mehr Eigenständigkeit entwickeln mußte. Die therapeutischen Regeln verlangten jedoch, dies der Patientin nicht mitzuteilen. Sie sollte vielmehr selbst dahinterkommen. Dies geschah auch – per Zufall – in der dreißigsten Sitzung, in der sie ihrem Ärger Ausdruck verlieh. Von da an machte sie stetig Fortschritte. – Ein Verhaltenstherapeut hätte sie schon in einem weitaus früheren Stadium ermutigt, sich gegenüber ihrer Mutter durchzusetzen.

Sobald Menschen in einem dauernden Streit miteinander liegen, ist es keineswegs vordringlich, ihre Wut zum Ausdruck zu bringen und damit loszuwerden. Wichtiger ist das Auffinden und Ändern der wutauslösenden Situationen. Dies mag selbstverständlich erscheinen, aber oft wird bereits durch das Außerachtlassen dieser Betrachtungsweise der Grundstein einer fehlgeleiteten Beratung gelegt. Ein unglücklich verheiratetes Ehepaar mag sich – aus legitimen Gründen – häufiger streiten. Ein Anlaß für die Ehefrau kann beispielsweise die Tatsache sein, daß ihr Gatte des öfteren unangemeldet Gäste zum Essen mitbringt oder daß er oft erst spät von der Arbeit nach Hause kommt. Der Ehemann wiederum kann sich über seine Frau ärgern, weil sie seiner Meinung nach bei den Kindern nicht energisch genug durchgreift. So bauen sich auf beiden Seiten Vorwürfe auf. Ein Therapeut oder Eheberater, der die »Laß-es-raus«-Methode vertritt, wird das Ehepaar ermutigen, ihren unterdrückten Ärger loszuwerden. Dieses Vorgehen würde letztendlich aber nur wenig bewirken, da ja die Ursachen des Ärgers bestehenbleiben. In einer Reihe ausgezeichneter Studien zu diesem Problem konnte gezeigt werden, wie diejenigen, die lediglich ihre Wut herausschreien durften, nur noch ärgerlicher und wütender wurden.

Eine wesentlich effektivere Vorgehensweise besteht für den Therapeuten im Herausfinden der Wünsche und Erwartungen, die jeder Partner dem anderen gegenüber hat. Diese können in einer Art »Vertrag« festgehalten werden, und dann kann jeder Partner innerhalb gewisser Grenzen dem anderen das zugestehen, was er haben möchte. (Diese Strategie wurde von Dr. Richard B. Stuart entwickelt.) – So ist es für den Ehemann – über die Vermittlung des Therapeuten – möglich, seiner Frau mitzuteilen, wenn er z. B. einmal später nach Hause kommt, und seine Frau wird mehr auf die Erziehung der Kinder achten. Natürlich können alle Bedürfnisse in einem solchen »Vertrag« geregelt werden. Für beide Seiten ist es das Ziel, zu einer befriedigenden Beziehung zu kommen und mögliche Ärgernisse aus dem Weg zu schaffen. Durch diese Methode wurden bereits viele Eheprobleme gelöst.

Die Wut, mit der sich ein Psychotherapeut beschäftigt, ist im allgemeinen eine Folge unausgesprochener Vorwürfe. Die Situation jedoch, in der der Ärger zum Vorschein kommt, ist meistens eine ganz andere als die, in der die Vorwürfe entstanden sind. Dies bedeutet jedoch, daß die betreffende Person eigentlich nur »Dampf abläßt« – und oft mit ihren Vorwürfen den Falschen trifft. Deshalb ist ein solcher Wutausbruch meist fehl am Platze, da er auch die Gründe und Ursachen der Vorwürfe nicht beseitigt. Daraus folgt, daß Angst im allgemeinen den Ausdruck von Vorwürfen und Wut zur *angemessenen* Zeit *verhindert,* oder umgekehrt, daß Angst indirekt die eigentliche Ursache der angehäuften Wut darstellt. Um das Problem zu lösen, reicht es also nicht, der Wut nur zum Ausbruch zu verhelfen, vielmehr muß die Angst beseitigt werden. Dies soll durch unser nächstes Beispiel veranschaulicht werden.

Gert, 58 J., ehemaliger Jurist, hatte mich aufgesucht, weil seine Frau allmählich von seinem mürrischen Wesen und seiner Reizbarkeit die Nase voll hatte. Sie hatte ihm mitgeteilt, daß eine Fortsetzung ihrer Ehe nur möglich wäre, wenn er bereit sei, sich entscheidend zu ändern. Gert hatte sich wegen eines Herzinfarktes aus dem Berufsleben zurückgezogen und schrieb nun zu Hause an einem Roman, half allerdings auch gleichzeitig im Haushalt mit. So bereitete er beispielsweise das Frühstück für die Familie vor. Unterbrach ihn dann seine Frau bei den Frühstücksvorbereitungen noch in letzter Minute, indem sie ihm vorschrieb, er solle doch den Bratpfannenwender zum Wenden des Toasts benutzen, den sie am Vorabend weggelegt hatte, geriet er in Rage. Genauso erging es ihm, wenn ihn seine Frau nachts um zwei Uhr bat, doch einmal nachzusehen, ob die Haustür auch verschlossen sei. Da er die Ehe mit seiner Frau fortführen wollte, war ihm sehr daran gelegen, seine Reizbarkeit zu überwinden.

Es schien mir sinnvoll für ihn, die kleinen Belästigungen zu tolerieren, ohne gleich außer Rand und Band zu geraten. Folglich begann ich, ihn gegenüber solchen Situationen zu desensibilisieren. (Die Desensibilisierung ist sowohl bei der Reduktion von Angst als auch bei Wutreaktionen anwendbar.) – Wir schafften es, seinen täglichen Ärger weitgehend zu verringern, ohne allerdings seine Vorwurfshaltung gegenüber diesen Situationen im wesentlichen zu beeinflussen.

Eines Tages kam Gert sehr ärgerlich in meine Praxis. Auf meine Frage antwortete er, daß er auf Drängen seiner

Frau in eine Stadtwohnung ziehen würde, obwohl er es selbst gar nicht wollte. Allmählich kam zum Vorschein, daß sein unterwürfiges Verhalten bereits seit vierzehn Ehejahren bestand. Da er seine Frau nicht verlieren wollte, gab er ihr in allen Wünschen nach, anstatt seinen Mißmut kundzutun, wenn sie wieder einmal ihren Kopf durchsetzte. Er kam ihr ständig entgegen und paßte sich an, nahm es ihr jedoch übel, wenn sie ihn dadurch ausnutzte. – Ich fing folglich an, Gerts Selbstbewußtsein aufzubauen, damit er auch lernen konnte, zu seinen eigenen Wünschen und Bedürfnissen zu stehen. Da aber seine Frau diese Veränderungen in seinem Verhalten nicht akzeptierte, trennte sie sich bald darauf von ihm. Anstatt nun stark betroffen zu sein, spürten beide eine große Erleichterung über die Trennung, da sie festgestellt hatten, wie verschieden sie doch in Wirklichkeit waren. Später nahm Gert eine befriedigende Beziehung zu einer anderen Frau auf.

Im vorliegenden Fall stellte also die Überwindung des Ärgers nicht das zentrale Problem dar, sondern die fehlende Selbstsicherheit des Ehemannes. Dies war letztlich das Verwickelte an diesem Fall; denn, obwohl die Desensibilisierung seine Stimmung erfolgreich zu beruhigen vermochte, war zusätzlich ein Selbstsicherheitstraining notwendig, um die Ursache seiner unterschwelligen Wut zu beseitigen. Es gibt allerdings auch andere Fälle, bei denen Überreaktionen von Wut mittels Desensibilisierung durchaus erfolgreich behoben werden können.

Einige Mißverständnisse

Eines der häufigsten Mißverständnisse bezüglich der Verhaltenstherapie ist die Ansicht, daß sie recht erfolgreich mit den an der Oberfläche liegenden Problemen umgehen könne, aber bei tiefergehenden Ursachen von Neurosen versagen müsse. Sie würde also dieser Ansicht nach lediglich Symptome anstelle von Ursachen behandeln. Diese weithin verbreitete und akzeptierte Kritik rührt unmittelbar von der psychoanalytischen Auffassung her, wonach jedem Problem eine verborgene Konfliktsituation zugrunde liegt. Ein neurotisches Symptom wird dabei also als Ausfluß unterdrückter Kräfte angesehen. Daraus folgt: Wird ein Symptom beseitigt, tritt ein anderes an seine Stelle. Wir haben es mit anderen Worten mit einer Symptomsubstitution zu tun – manchmal auch mit einem Rückfall. In der Realität erweisen sich jedoch die Erfolge der Verhaltenstherapie als tiefgreifend und dauernd, d. h., Symptomverschiebungen und Rückfälle kommen nur äußerst selten vor. Sollte es doch einmal vorkommen, so hat entweder der Therapeut einen wichtigen Aspekt übersehen – oder aber die Therapie wurde vorzeitig abgebrochen.

Ein weiteres Mißverständnis besteht in der Auffassung, daß die Verhaltenstherapie nur bei einfachen, engumgrenzten und übersichtlichen Problemen wie z. B. Phobien anwendbar ist, nicht aber bei schwierigeren und komplexen Fällen. Wie wir jedoch anhand der zahlreichen Beispiele in diesem Buch sehen konnten, erfaßt die Verhaltenstherapie das ganze Spektrum neurotischer Erkrankungen.

Manchmal hört man auch, die Verhaltenstherapie sei kühl und mechanistisch und nehme keine Rücksicht auf die Gedanken und Gefühle der betroffenen Person. Für diese Ansicht mag es mehrere Gründe geben. Ein Grund liegt sicherlich im Fachjargon der Verhaltenstherapie, der ja aus der experimentellen Wissenschaft abgeleitet wurde. Ein weiterer Grund ist jedoch auch in der Art der Darstellung der Verhaltenstherapie in der Presse zu suchen, wo sie fälschlicherweise mit grausamen und menschenunwürdigen Behandlungsmethoden in Verbindung gebracht wurde, wie dies bei der Elektroschocktherapie, der sensorischen Deprivation, der Gehirnwäsche oder der Psychochirurgie der Fall ist. Ein besonders ungünstiger Einfluß ging dabei auch von dem Film »Uhrwerk Orange« aus, in dem eine abstoßende und völlig wirklichkeitsfremde Behandlungsmethode als Verhaltenstherapie verkauft wurde.

Persönlichkeit und ihre Veränderungen

In Übereinstimmung mit dem Kritikpunkt, die Verhaltenstherapie behandle lediglich an der Oberfläche liegende Probleme, steht die Vorstellung, daß aus diesem Grunde auch keine Persönlichkeitsveränderungen ermöglicht werden. Doch was heißt eigentlich »Persönlichkeit«? Wenn auch die meisten Menschen eine gewisse Vorstellung mit diesem Begriff verbinden, so ist er im allgemeinen keineswegs genau definiert. Wenn wir von jemandem sagen, er sei humorvoll oder schüchtern, aufdringlich oder gehässig, dann beziehen wir uns dabei auf bestimmte Gewohnheiten, die wir von ihm kennen. In den meisten Fällen bedeutet »Persönlichkeit« nichts anderes als die Gesamtheit aller Gewohnheiten. Die Persönlichkeit eines Menschen besteht aus dem, was er tut, wie er sich verhält, was ihn beunruhigt, was ihn anzieht, was er denkt, wie er mit seinen Mitmenschen umgeht. Ist er ein Morgenmuffel? Trägt er gern aufdringliche Kleider? Vielleicht meint er von sich, er sei den Frauen überlegen, vielleicht betrachtet er sie auch als gleichwertig oder fühlt sich ihnen gar unterlegen. Ist er ein Fußballfan? Zieht es ihn mehr zur Natur? Ist er ein eifriger Kirchgänger? Glaubt er an Gott? Ist er bestechlich? Finanzkräftig? Höflich oder unbarmherzig? Hat er Berührungsängste? Ist er in der Lage, Reparaturen in Haus und Garten selbst durchzuführen? Ist er ein Kinderfreund? Ist er Kunst- oder Musikliebhaber? Ist er politisch interessiert? In welche Richtung? Setzt er sich genaue Ziele im Leben? Welche sind das? Hat er Humor? Worüber lacht er? Ist er witzig und charmant, oder läßt er sich nur vom Lachen anderer anstecken? Ist er eher sarkastisch oder fröhlich?

Es gibt keinen Zweifel, daß sich ein Mensch, der seine Ängste und andere Beeinträchtigungen meistern kann, völlig anders fühlt. Er besitzt ein gesteigertes Selbstwertgefühl von persönlicher Stärke und Freiheit. Er handelt anders, fühlt sich wohler und sieht sich selbst in völlig neuem Licht.

Und alles das sind Änderungen der Persönlichkeit – neue Gewohnheiten, die aufgrund der Beseitigung von Ängsten und ihren Folgen in Erscheinung treten konnten.

Deshalb sind Persönlichkeitsänderungen die Auswirkungen von über Lernprozesse etablierten Gewohnheitsänderungen. Angstgewohnheiten und andere Gefühlsgewohnheiten bilden so nur einen, wenn auch bedeutsamen Teil eines größeren Rahmens, den wir Persönlichkeit nennen. Man kann jedoch durchaus vielfältige Gewohnheiten einer Persönlichkeit durch eine kreative Anwendung von Verhaltensprinzipien ändern, wie dies B. F. Skinner mit den Methoden der Verstärkung, Löschung und Reaktionsunvereinbarkeit zeigte. Die Anwendung dieser Verhaltensprinzipien ermöglicht es Menschen, in eigener Regie neue Verhaltensweisen zu entwickeln. Eine andere bemerkenswerte Methode stellt die Betonung der Entwicklung von Wahrnehmungsgewohnheiten im Laufe des Lebens von J. G. Taylor dar. Er erklärt auf faszinierende Weise, wie Kinder aus der Vielzahl von visuellen Bildern einen ganz bestimmten Gegenstand herausfiltern und erkennen lernen.

Die Grenzen der Verhaltenstherapie

Da die Verhaltenstherapie auf der Anwendung von Lerngesetzmäßigkeiten beruht, kann sie auch bei Problemen, die durch Lernprozesse entstanden sind, erfolgreich eingesetzt werden. Man kann daher von der Verhaltenstherapie *nicht* erwarten, bei Problemen effektiv zu sein, die *nicht* auf Lernprozessen beruhen, wie beispielsweise bei metabolischen Erkrankungen des Nervensystems. Aus diesem Grunde ist es auch zwecklos, Schizophrenie mit Verhaltenstherapie kurieren zu wollen, da in letzter Zeit immer mehr Belege für eine biologische Verursachung der Schizophrenie gesammelt worden sind. Es gibt jedoch bei bestimmten Fällen von Schizophrenie eine Prädisposition für das *Erlernen* bestimmter bizarrer Verhaltensweisen, die entsprechend durch Anwendung von Lernprinzipien auch erfolgreich behandelt werden können. Dabei muß aber die sehr eingeschränkte Nutzanwendung der Verhaltenstherapie betont werden, die keineswegs die Heilung der Erkrankung herbeizuführen vermag.

Ähnlich verhält es sich mit der Behandlung anderer Psychosen wie der manisch-depressiven Erkrankung oder anderer biologisch fundierter Depressionen, bei denen die Verhaltenstherapie nicht die Methode der Wahl sein kann. Als ich in Kap. VIII Depressionen angesprochen habe, ging ich dabei von der häufig übersehenen Tatsache aus, daß viele depressive Verhaltensweisen nichts anderes als eine normale Reaktion auf Verlust oder Mißerfolg darstellen. Da diese Reaktionen aber völlig im Bereich des Normalen liegen, gibt es keine Veranlassung, eine Änderung der Gewohnheiten vorzunehmen, d.h., die Verhaltenstherapie zum Zuge kommen zu lassen. Nötig ist hier vielmehr die Unterstützung von Freunden, deren Trost und Verständnis – manchmal auch der zeitweilige Gebrauch von Medikamenten.

Öfter als gemeinhin angenommen wirkt die Zeit als guter Heilungsfaktor bei Depressionen, indem sie den kausalen Erlebnissen allmählich ihre bedrückende Bedeutung nimmt. Manchmal ist aber auch eine Änderung der persönlichen Lebensgewohnheiten vonnöten, und hier kann der Therapeut hilfreich unterstützend wirken. Als mich einmal ein sehr depressiver junger Mann aufsuchte, stellte sich heraus, daß er sein Medizinstudium, dem er sich bereits zwei Jahre gewidmet hatte, nicht länger ertragen konnte. In Wirklichkeit galt seine Vorliebe nämlich der Rechtswissenschaft, die er aber einst mit der Begründung abgelehnt hatte, sie sei »ohne Nutzen für die Gesellschaft«. Es gelang mir, ihn davon zu überzeugen, daß alle Berufe einen sozialen Wert besitzen. Als er daraufhin zum Jurastudium überwechselte, wurde er seine Depressionen los. Heute ist er ein angesehener Rechtsanwalt. – Ähnlich erging es einer dreißigjährigen verheirateten Frau, die wegen ihrer Depressionen zu mir in Behandlung kam. Als Ursache stellte sich die übermäßige

Einengung ihrer Aktivitäten durch ihren Ehemann heraus. Des Rätsels Lösung lag also nicht darin, sie zu therapieren, sondern ihn zu einer Änderung seines Verhaltens zu veranlassen.

Vorbeugende und weiterführende Maßnahmen

Eines der bedeutendsten Anwendungsgebiete der Verhaltenstherapie liegt im Bereich der Präventivmaßnahmen. Diesem Aspekt wurde leider bisher viel zuwenig Beachtung geschenkt. Da wir aber wissen, wie alltägliche Ängste entstehen und zu behandeln sind, sollte es auch möglich sein, Vorsorgeprogramme zu entwickeln. Mehrere Untersuchungen in dieser Richtung konnten bereits die Wirksamkeit solcher »Impfungen« belegen. Man stelle sich nur vor, unter welchen Umständen im allgemeinen sinnlose Ängste – z.B. die Angst vor öffentlichen Auftritten – entstehen. Wenn man die betreffende Person desensibilisiert, *bevor* sie überhaupt Redeängste aufbauen kann, so wird sie in den entsprechenden Situationen gegenüber aufkommenden Ängsten wesentlich widerstandsfähiger sein. Ähnliche vorbeugende Maßnahmen sind bei Flugängsten, Angst vor Kritik, Einsamkeit etc. anwendbar und können auf diese Weise Depressionen, Stottern oder andere Folgen, die sich aus diesen Ängsten ergeben, verhüten. Als eine Art Schutzmaßnahme vor Ängsten könnte die Desensibilisierung gerade bei sehr jungen Menschen im Sinne eines »Kursus in Sachen Selbstbewußtsein« angewendet werden.

Ein zweiter Bereich von vorbeugenden Maßnahmen gegenüber sinnlosen Ängsten liegt in der Elternerziehung. Dabei liegt die Betonung darauf, die Kinder nicht unnötig zu belasten oder zu bestrafen. Wenn beispielsweise ein bereits ängstliches Kind in seinem Zimmer eingeschlossen wird, kann es zusätzlich eine größere Angst vor dem Alleinsein oder Eingeschlossensein aufbauen. – Wie wir gesehen haben, beginnt die Angst vor Selbstbefriedigung auf ganz ähnliche Weise, sobald den Kindern die Vorstellung eingeimpft wird, daß sie etwas Böses oder Gefährliches tun. Den ernsthaften Schaden, den Eltern unbeabsichtigt dabei hervorrufen können, mag hier das Beispiel eines Jungen veranschaulichen, dessen jüngere Schwester Angst hatte, allein zu sein. Um sie zu beschützen, veranlaßten ihn die Eltern, mit ihr in einem Bett zu schlafen. Dies ging so weiter bis zu seinem sechzehnten Lebensjahr. Im Laufe der Zeit entwickelte er gegenüber seiner Schwester sexuelle Gefühle und fühlte sich deswegen schuldig. Später entwickelte er gegenüber seinen Eltern beständige unterschwellige Wut, weil sie ihn in diese inzestuöse Situation gedrängt hatten. Langsam betrachtete er sich selbst als verächtliche und verabscheuungswürdige Person. Gleichzeitig entwickelte er die zwanghafte Vorstellung, mit seinem Urin andere verunreinigen zu können. Er beschäftigte sich deshalb die meiste Zeit des Tages mit der Ausführung bestimmter Waschzeremonien und entwickelte Rituale bei der Reinigung von Intimbereich und Händen. Eltern sollten über solche Gefühlsbelastungen, die sie unwissentlich bei ihren Kindern heraufbeschwören können, aufgeklärt werden.

Ein weiterer Anwendungsbereich der Verhaltenstherapie könnte in der Veränderung subtiler Persönlichkeitszüge liegen, die im allgemeinen nicht für therapiewürdig gehalten werden. Als Beispiel dafür kann eine Geschichte dienen, die mir einst von einem jungen Mann erzählt worden war. – Dieser ging damals mit einer jungen Frau, die er kurz zuvor kennengelernt hatte, am Flußufer spazieren. Das Mädchen blieb stehen und setzte sich auf eine niedrige Ziegelmauer, die das Ufer säumte. Es war eine laue Sommernacht, er roch ihr starkes Parfüm und fand sie sehr anziehend. Er spürte das Verlangen, ihre Hand zu halten und sie zu berühren, was er auch tat. Sie ging darauf ein, und beide unterhielten sich angeregt weiter. Dann wollte er ihre Beine streicheln und wagte schließlich auch dies. Als er sie aber küssen wollte, wandte sie sich von ihm ab. Der Abend ging weiter, auch ihre Unterhaltung, doch der junge Mann fühlte sich in seinem Stolz verletzt – er hatte etwas, das er begehrt hatte, nicht bekommen. Folglich fühlte er sich traurig, ungeliebt und allein. Als er später allein nach Hause ging, dachte er über das Vorgefallene nach. Er stellte fest, daß er sich weder an dem anregenden Zusammensein noch an dem schönen Abend freuen konnte. Statt dessen hatte er sich dem Mädchen, ohne es näher zu kennen, gleich auf erotischer Ebene nähern wollen. Er grübelte darüber nach, wie vernünftiger es doch gewesen wäre, all die schönen Augenblicke des Abends zu genießen, und hörte auf, wütend zu sein, da er sich sagte, er könne schließlich nicht alles auf einmal haben. Nachdem er sich nun zu dieser neuen Sichtweise durchgerungen hatte, war er entschlossen, seine Einstellung und sein Verhalten in Zukunft zu ändern – aber wie sollte er nun vorgehen?

Diese Art von Problemen veranlassen im allgemeinen noch keinen, einen Therapeuten aufzusuchen. Und auch ich hatte die Geschichte des jungen Mannes außerhalb meiner Praxis nur zufällig zu hören bekommen. Ich meine, daß die Ursache seiner Probleme in seiner Überempfindlichkeit, in gewissen Situationen zurückgewiesen zu werden, begründet lag. Wäre er entsprechend desensibilisiert gewesen, so würde er in seinen Beziehungen zu Frauen weniger ratlos sein und könnte die einzelnen Schritte besser kontrollieren. Durch seine Ängstlichkeit wurde jedoch eine Mauer um bestimmte Aspekte seiner Persönlichkeit errichtet, die verschiedene entwicklungsfähige Bereiche unzugänglich machte.

Wären sich die Menschen ihrer Ängste und deren Folgen im Leben bewußter, würden sie bereits für solche unterschwelligen Probleme einen Therapeuten aufsuchen. In der Regel könnten dann diese Probleme auch ohne großen Aufwand behoben werden und würden vor allem die Entwicklung schwerer emotionaler Schwierigkeiten verhindern. Deshalb sollte es das Ziel sein, dem Menschen solche Probleme und deren unangenehme Konsequenzen bewußter zu machen und ihnen zu zeigen, welche Hilfsmöglichkeiten es gibt.

Die Verhaltenstherapie stellt die praktische Anwendung der wissenschaftlich gewonnenen Erkenntnisse über das Lernen dar. Dennoch ist bis heute nur ein sehr geringer Teil des vorhandenen Wissens zur Lösung menschlicher Probleme herangezogen worden. Zukünftige Entwicklungen sollten dieses schon jetzt reichhaltige Wissen nutzen und durch wissenschaftliche Forschung neue Möglichkeiten klinischer Methoden eröffnen.

LITERATURVERZEICHNIS

ADLER, A.: *Praxis und Theorie der Individualpsychologie,* Frankfurt 1974

ALBERTI, R. E. und EMMONS, M. L.: *Ich behaupte mich selbst,* Frankfurt 1979

ARIETI, S. und BEMPORAD, J.: *Depression,* Stuttgart 1981

BACHMANN, C. H. (Hrsg.): *Psychoanalyse und Verhaltenstherapie,* Frankfurt 1972

BANDURA, A.: *Sozial-kognitive Lerntheorie,* Stuttgart 1979

BASLER, H.-D.; OTTE, H.; SCHNELLER, T. und SCHWOON, D.: *Verhaltenstherapie bei psychosomatischen Erkrankungen,* Stuttgart 1979

BATESON, G.: *Geist und Natur,* Frankfurt 1982

BECK, A. T.; RUSH, H.; SHAW, E. und EMERY, G.: *Kognitive Therapie der Depression,* München 1981

BERNE, E.: *Spiele der Erwachsenen,* Hamburg 1967

BELSCHNER, W.; HOFFMANN, M.; SCHOTT, F. und SCHULZE, C.: *Verhaltenstherapie in Erziehung und Unterricht,* Stuttgart 1973

BERNSTEIN, D. A. und BORKOVEC, T. D.: *Entspannungs-Training, Handbuch der progressiven Muskelentspannung,* München 1975

BIRBAUMER, N. (Hrsg.): *Psychophysiologie der Angst,* München 1977

BIRBAUMER, N. und ZIMMER, D.: *Hypnose und Autosuggestion als Selbstkontrollverfahren bei Schmerzzuständen,* München 1980

BLACKHAM, G. J. und SILBERMAN, A.: *Grundlagen und Metho-*

den der Verhaltensmodifikation bei Kindern, Weinheim 1975

BLÖSCHL, L.: *Grundlagen und Methoden der Verhaltenstherapie*, Bern 1974

BLÖSCHL, L. (Hrsg.): *Verhaltenstherapie depressiver Reaktionen*, Bern 1981

BOOTZIN, R. R.: *Verhaltenstherapeutische Behandlung von Schlafstörungen*, München 1980

BOWLBY, J.: *Verlust, Trauer und Depression*, Frankfurt 1983

CARROLL, L.: *Alice im Wunderland*, Zürich 1947

DAVIDSON, P. O. (Hrsg.): *Angst, Depression und Schmerz*, München 1979

ECHELMEYER, L. und ZIMMER, D.: *Entspannungstraining auf der Basis der progressiven Muskelentspannung*, München 1980

ELLIS, A.: *Rational Emotive Therapy*, München 1977

ERICKSON, M. H. und ROSSI, E. L.: *Hypnotherapie*, München 1981

EYSENCK, H. J. und RACHMAN, S.: *Neurosen – Ursachen und Heilmethoden*, Berlin 1967

EYSENCK, H. J. (Hrsg.): *Verhaltenstherapeutische Fallstudien*, Salzburg 1979

FELDHEGE, F. J.: *Selbstkontrolle bei rauschmittelabhängigen Klienten*, Berlin 1980

FELDHEGE, F. J. und KRAUTHAN, G.: *Verhaltenstrainingsprogramm zum Aufbau sozialer Kompetenz*, Berlin 1978

FERSTL, R.: *Determinanten und Therapie des Eßverhaltens*, Berlin 1980

FERSTL, R. und KRAEMER, W.: *Abhängigkeiten – Ansätze zur Verhaltensmodifikation*, München 1976

FIEDLER, P. A.: *Psychotherapieziel Selbstbehandlung*, Weinheim 1980

FLIEGL, S.; GROEGER, P.; KÜNZEL, R.; SCHULTE, D. und SORGATZ, P.: *Verhaltenstherapeutische Standardmethoden*, München 1981

FLORIN, I. und TUNNER, W.: *Behandlung kindlicher Verhaltensstörungen*, München 1971

FLORIN, I. und TUNNER, W.: *Zur Therapie der Angst,* München 1975

FREUD, S.: *Neue Folge der Vorlesungen zur Einführung in die Psychoanalyse,* Wien 1933

FROMM, E.: *Haben oder Sein,* München 1979

GOFFMANN, E.: *Stigma. Über Techniken der Bewältigung beschädigter Identität,* Frankfurt 1975

GOLDFRIED, M. R.: *Selbsthilfe bei Angstproblemen,* München 1980

GOLDFRIED, M. R.: *Behandlung von Phobien durch klassische und kognitive Verhaltenstherapie,* München 1980

GOLDFRIED, M. R. und DAVISON, G. C.: *Klinische Verhaltenstherapie,* Berlin 1979

GOTTWALD, P. und REDLIN, W.: *Verhaltenstherapie bei geistig Behinderten,* Göttingen 1972

GROSSARTH-MATICEK, R.: *Kognitive Verhaltenstherapie Rauchen, Übergewicht, emotionaler Streß,* Berlin 1980

HALDER, P.: *Verhaltenstherapie,* Stuttgart 1974

HALEY, J.: *Gemeinsamer Nenner Interaktion,* München 1978

HARRIS, T. A.: *Ich bin O.K., Du bist O.K.,* Hamburg 1975

HARTIG, M.: *Selbstkontrolle,* München 1974

HAUTZINGER, M.: *Kognitive Therapie bei Depressionen,* München 1980

HEINZEL, J.: *Verhaltenstherapie bei Erwachsenen und Kindern,* Paderborn 1980

HOFFMANN, N.: *Depressives Verhalten,* Salzburg 1976

JAEGGI, E.: *Kognitive Verhaltenstherapie,* Weinheim 1979

DE JONG, (Hrsg.): *Verhaltensmodifikation bei Depressionen,* München 1980

JUNG, C. G.: *Symbole der Wandlung,* Zürich 1952

KANFER, F. H. und GOLDSTEIN, A. P.: *Möglichkeiten der Verhaltensänderung,* München 1977

KANFER, F. H. und PHILLIPS, J. S.: *Lerntheoretische Grundlagen der Verhaltenstherapie,* München 1975

KEUPP, H.: *Psychische Störungen als abweichendes Verhalten,* München 1972

KEUPP, H. und RERRICH, D. (Hrsg.): *Psychosoziale Praxis – Gemeindepsychologische Perspektiven*, München 1982

KOCKOTT, G.: *Sexuelle Störungen – Verhaltensanalyse und Verhaltensmodifikation*, München 1977

KRAIKER, C. (Hrsg.): *Handbuch der Verhaltenstherapie*, München 1974

KUHLEN, V.: *Verhaltenstherapie im Kindesalter*, München 1973

LAING, R. D.: *Das geteilte Selbst*, Hamburg 1976

LAING, R. D.: *Knoten*, Hamburg 1972

LAZARUS, A. A.: *Multimodale Verhaltenstherapie*, Frankfurt 1978

LAZARUS, A. A.: *Innenbilder*, München 1980

LAZARUS, A. und FAY, A.: *Ich kann, wenn ich will*, Stuttgart 1981

LEGEWIE, H. und NUSSELT, L. (Hrsg.): *Biofeedback-Therapie*, München 1975

MAHONEY, M. J.: *Kognitive Verhaltenstherapie*, München 1977

MANDEL, A.; MANDEL, K. H.; STADTER, E. und ZIMMER, D.: *Einübung in Partnerschaft durch Kommunikationstherapie und Verhaltenstherapie*, München 1971

MARKS, I.: *Bewältigung der Angst*, Berlin 1977

MEICHENBAUM, D. H.: *Kognitive Verhaltensmodifikation*, München 1979

MEYER, V. und CHESSER, E. S.: *Verhaltenstherapie in der klinischen Psychiatrie*, Stuttgart 1971

MACMILLAN, D. L.: *Verhaltensmodifikation. Eine Einführung für Lehrer und Erzieher*, München 1975

MÜLLER, R.; KLAUS, T.:, HEIMBERG, U. und MITTMANN, A.: *Verhaltensmodifikation in der Praxis*, München 1980

PETERMANN, F. und PETERMANN, U.: *Training mit aggressiven Kindern*, München 1978

PETZOLD, H. (Hrsg.): *Die neuen Körpertherapien*, Paderborn 1977

LO PICCOLO, J.: *Verhaltenstherapie bei Sexualstörungen*, München 1980

PIELMAIER, H. (Hrsg.): *Training sozialer Verhaltensweisen,* München 1980

PLACK, A.: *Die Gesellschaft und das Böse,* Frankfurt 1979

PÜTZ, A.: *Therapiemotivation und Selbstkontrolle,* Frankfurt 1979

RACHMAN, S.: *Angst,* München 1975

RACHMAN, S. und BERGOLD, J.: *Verhaltenstherapie bei Phobien,* München 1976

RACHMAN, S. und TEASDALE, J.: *Verhaltensstörungen und Aversionstherapie,* Frankfurt 1975

REISS, M.; FIEDLER, P.; KRAUSE, R. und ZIMMER, D.: *Verhaltenstherapie in der Praxis,* Stuttgart 1976

REISS, M. und BARTLING, G.: *Verhaltenstherapeutisches Programm zur Veränderung der Eßgewohnheiten,* München 1980

RICHTER, H. E.: *Eltern, Kind und Neurose,* Hamburg 1969

ROST, D. H.; GRUNOW, P. und OECHSLE, D. (Hrsg.): *Pädagogische Verhaltensmodifikation,* Weinheim 1975

SACHSE, R.: *Praxis der Verhaltenstherapie,* Stuttgart 1979

SCHEELE, B.: *Selbstkontrolle als kognitive Interventionsstrategie,* Weinheim 1981

SCHINDLER, L.; HAHLWEG, K. und REVENSTORF, D.: *Partnerschaftsprobleme: Möglichkeiten zur Bewältigung,* Berlin 1980

SCHMITZ, E.: *Kotherapeuten in der Verhaltenstherapie,* Weinheim 1976

SCHRAML, W. J. (Hrsg.): *Klinische Psychologie,* Stuttgart 1970

SCHULTE, D. (Hrsg.): *Diagnostik in der Verhaltenstherapie,* München 1974

SCHWÄBISCH, L. und SIEMS, M.: *Anleitung zum sozialen Lernen für Paare, Gruppen und Erzieher,* Hamburg 1974

SCHWARTZ, G. E.: *Streßbewältigung durch Entspannung und Meditation,* München 1980

SEIDERER-HARTIG, M.: *Theorie – Praxis – Fallbeispiele,* München 1980

LE SHAN, L.: *Psychotherapie gegen den Krebs,* Stuttgart 1981

SKINNER, B. F.: *Futurum Zwei,* Hamburg 1973

SKINNER, B. F.: *Erziehung als Verhaltensformung,* München 1971

SPERBER, M.: *Individuum und Gesellschaft,* Stuttgart 1978

STROEBEL, C. F.: *Biofeedback und Schmerz,* München 1980

TEEGEN, F.; GRUNDMANN, A. und RÖHRS, A.: *Sich ändern lernen,* Hamburg 1975

THARP, R. G. und WETZEL, R. J.: *Verhaltensänderungen im gegebenen Sozialfeld,* München 1975

THOMPSON, T. und GRABOWSKI, J. (Hrsg.): *Verhaltensmodifikation bei geistig Behinderten,* München 1976

ULLRICH DE MUYNCK, R. und ULLRICH, R.: *Einübung von Selbstvertrauen und sozialer Kompetenz,* München 1976

WACHTEL, P.: *Psychoanalyse und Verhaltenstherapie,* Stuttgart 1981

WATSON, D. und THORPE, R.: *Einübung in Selbstkontrolle,* München 1975

WATZLAWIK, P.: *Anleitung zum Unglücklichsein,* München 1983

WATZLAWIK, P.; BEAVIN, J. H. und JACKSON, D. D.: *Menschliche Kommunikation,* Bern 1971

WATZLAWIK, P.; WEAKLAND, J. H. und FISCH, R.: *Lösungen,* Bern 1974

WESTMEYER, H. und HOFFMANN, N. (Hrsg.): *Verhaltenstherapie: Grundlegende Texte,* Hamburg 1977

WITTMANN, L.: *Verhaltenstherapie und Psychodynamik,* Weinheim 1981

WOLPE, J.: *Praxis der Verhaltenstherapie,* Bern 1972

ZIMMER, D.: *Die therapeutische Beziehung,* Weinheim 1983

PERSONEN- UND
SACHREGISTER

Akupunktur-Heilmethode für alle.	Wasser — Medikament für Kranke — Elixier für Gesunde.	Zum Arzt — oder nicht?	Schlank im Schlaf.

Hans Ewald
Akupunktur für Jeden
Eine Anleitung in Bildern

ECON Ratgeber

Gerhard Jäger
Wasser wirkt Wunder
Natürliche Heilmethoden

ECON Ratgeber

Donald Vickery
James F. Fries
Zum Arzt — oder nicht?
Krankheiten erkennen und das Richtige tun

ECON Ratgeber

Alfred Bierach
Schlank im Schlaf durch vertiefte Entspannung
Die SIS-Methode

ECON Ratgeber

Spalte 1

Ewald, Hans
Akupunktur für Jeden
— Eine Anleitung in Bildern —
128 Seiten, 76 Abb.
11,5 x 18 cm
DM 6,80
ISBN 3-612-20005-4
ETB 20005
April

Das Buch
Akupunktur heilt Krankheiten, behebt Funktionsstörungen. Akupunktur ist leicht zu erlernen und bewirkt in vielen Fällen unerhoffte Heilerfolge. Anhand von rund 90 Abbildungen und Zeichnungen erläutert der Autor die Meridiane und Punkte des Körpers, beschreibt Grundsätze der Diagnostik und Therapie, gibt Anleitung für Stichtiefe, Handhaltung und Nadelarten und liefert einen Bezugsnachweis für die Nadeln.
Innerhalb kurzer Zeit kann die Laie mit diesem Buch die Selbstbehandlung mit Akupunktur erlernen.

Der Autor
Dr. med. Hans Ewald erlernte Akupunktur in Asien und wendet die Heilmethode seit Jahren erfolgreich in eigener Praxis an. Beim ECON-Verlag erschienen seine Ratgeber Akupunktur und Akupressur, 'Akupressur für Jeden'.

Spalte 2

Jäger, Gerhard
Wasser wirkt Wunder
— Natürliche Heilmethoden —
160 Seiten, 26 Abb.
11,5 x 18 cm
DM 6,80
ISBN 3-612-20006-2
ETB 20006
April

Das Buch
Wasser ist eine Medizin mit ganz besonderen Eigenschaften: Es härtet den Körper ab, schützt vor Krankheiten und kann viele Krankheiten und chronische Leiden heilen oder lindern.
Der Autor zeigt, wie Wassertherapie wirkt. Wirksam sind medizinische Bäder und Duschen, Wickel und Güsse, Packungen, heiß, kalt oder wechselwarm, Lösungen mit Kräutern und anderen Zusatzstoffen. Die Wassertherapie hilft u. a. bei Rheuma und Durchblutungsstörungen, bei Herz- und Kreislauferkrankungen, bei Verdauungsstörungen, bei Leber- und Nierenproblemen und bei Infektionskrankheiten.

Der Autor
Gerhard Jäger ist Medizin-Journalist und Schriftsteller. Er praktiziert als Heilpraktiker in eigener Praxis.

Spalte 3

Vickery, Donald
Fries, James F.
Zum Arzt — oder nicht?
— Krankheiten erkennen und das Richtige tun —
304 Seiten, 65 Abb.
11,5 x 18 cm
DM 12,80
ISBN 3-612-20007-0
ETB 20007
April

Das Buch
Wie oft ist der Mensch angesichts körperlicher Beschwerden verunsichert und sucht den Arzt auf, wie oft hätte er sich selbst behandeln können, wie oft aber geht er auch zu spät zum Arzt?
Die häufigsten Beschwerden und Erkrankungen werden in diesem Buch charakterisiert. Bauchschmerzen, Durchfall, Husten, Schnittwunden, innere Schmerzen u.v.a. Krankheiten werden anhand der auftretenden Symptome beschrieben. Die Erscheinungsbilder werden schematisch aufgezeichnet und es wird gezeigt, wann ein Arzt aufgesucht werden muß und wann der Patient sich selbst behandeln kann.

Die Autoren
Donald Vickery und James Fries sind praktische Ärzte mit jeweils eigener Praxis.

Spalte 4

Bierach, Alfred
Schlank im Schlaf durch vertiefte Entspannung
— Die SIS-Methode —
144 Seiten, 1 Grafik
11,5 x 18 cm
DM 6,80
ISBN 3-612-20008-9
ETB 20008
Mai

Das Buch
Durch vertiefte Entspannung im Schlaf schlank werden, dies ist eine neue Methode, die all jenen zu empfehlen ist, die ohne Mühe schlank werden und endlich wieder ihr Normalgewicht erreichen wollen. Im Zustand tiefster Entspannung suggeriert der Mensch seinem Unterbewußtsein ein verändertes Ernährungsprinzip und kann so bei Bewußtsein mühelos den neuen Weg einhalten. Eine wissenschaftlich und praxiserprobte Methode, die in psychosomatischen Kliniken angewandt wird.

Der Autor
Dr. Alfred Bierach, Psychotherapeut und Naturheilkundler, ist in eigener Praxis am Bodensee tätig. Mit der SIS-Methode hat er vielen Patienten geholfen, schlank zu werden.

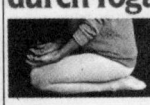